本书得到中国青年政治学院学术著作出版基金资助

〔管理学〕

会计职业判断研究

KUAIJI ZHIYE PANDUAN YANJIU

刘泉军 著

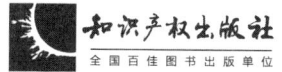

图书在版编目（CIP）数据

会计职业判断研究/刘泉军著. —北京：知识产权出版社，2009.9（2019.7 重印）
ISBN 978-7-80247-771-1

Ⅰ.①会… Ⅱ.①刘… Ⅲ.①会计人员—判断力—研究 Ⅳ.①F233

中国版本图书馆 CIP 数据核字（2009）第 131136 号

内容提要

会计职业的精髓在于具有能够进行独立判断的能力。本书主要基于 2006 年颁布的企业会计准则，突破传统的研究视角，将会计职业判断定位于企业会计行为主体实施的一种判断与选择，即从广义的角度研究会计职业判断问题。本书全面深入地阐述了会计职业判断的基础理论，探讨了企业会计准则与会计职业判断的关系，系统分析了会计职业判断在新企业会计准则中的应用，采取问卷调查的方法开展会计职业判断的实证分析，论证了会计职业判断与会计信息失真的关系，最后提出了改善会计职业判断质量的建议。

本书可以作为高等学校会计学、财务管理等专业的课堂教学和理论研究的参考用书，也可供财务会计界实务人士参考使用。

责任编辑：范红延　　　　　　　　　　**责任校对**：韩秀天
装帧设计：SUN 工作室　　　　　　　　**责任印制**：卢运霞

会计职业判断研究

刘泉军　著

出版发行：知识产权出版社有限责任公司	网　　址：http://www.ipph.cn
社　　址：北京市海淀区气象路 50 号院	邮　　编：100081
责编电话：010-82000860 转 8324	责编邮箱：376588986@qq.com
发行电话：010-82000860 转 8101/8102	发行传真：010-82000893/82005070/82000270
印　　刷：保定市中画美凯印刷有限公司	经　　销：各大网上书店、新华书店及相关专业书店
开　　本：880mm×1230mm　1/32	印　　张：7.75
版　　次：2009 年 9 月第 1 版	印　　次：2019 年 7 月第 3 次印刷
字　　数：210 千字	定　　价：28.00 元
ISBN 978-7-80247-771-1	

出版权专有　侵权必究
如有印装质量问题，本社负责调换。

前　　言

　　2006年2月15日，财政部发布了一套由1项基本会计准则和38项具体会计准则组成的会计准则体系。新企业会计准则实现了与国际会计准则实质性的趋同，以原则为基础，留给企业较大的自由度和选择空间。随着新企业会计准则的颁布和实施，会计职业判断的内容增加了，范围扩大了，难度提高了。会计职业判断的广泛应用是一把双刃剑，如果会计职业判断运用得当，则会显著提高会计信息的质量，提升会计工作的价值；反之则会造成会计信息质量低下，会计作用得不到有效发挥。因而，新会计准则的实施效果在很大程度上取决于会计职业判断的有效运用。

　　会计职业判断日益引起会计理论界和实务界的重视，成为会计研究的热点。我在大学读书期间一直对会计政策选择、盈余管理、会计准则等领域比较关注，而且在南开大学就读硕士学位时张继勋教授的博士论文选题就是"审计判断研究"，耳濡目染，因而我对会计职业判断产生了浓厚的研究兴趣。适逢会计盛世，新企业会计准则横空出世，会计职业判断研究的意义凸显，我遂下定决心，将其作为我博士论文的选题。

　　本书是在我博士论文的基础上修订完成的，主要针对会计职业判断的理论和实际问题，基于2006年颁布的企业会计准则展开研究。传统研究从狭义的角度去理解会计职业判断，把会计职业判断仅仅看作是会计人员的职业判断。本书打破传统的研究视角，将会计职业判断定位于企业会计行为主体实施的一种判断与选择，即从广义的角度研究会计职业判断问题。会计职业判断在新企业会计准则中的应用研究是本书研究的重点。本书在对会计职业判断在新企业会计准则中的应用进行综合分析的基础上，抓住会计确认、计

1

量、报告中的三个方面需要重点实施会计职业判断的内容分别加以阐述,即对会计确认中的实质重于形式原则、会计计量中的公允价值运用、会计报告中的会计重要性运用中的会计职业判断进行了详细分析;特别针对新会计准则的亮点——公允价值进行重点分析,从公允价值的应用条件、具体确定、披露等方面分析会计职业判断的具体运用,并提出应对公允价值职业判断的对策建议。

鉴于原有会计职业判断的研究文献大多局限于规范研究的局限,本书基于新企业会计准则设计调查问卷对会计职业判断展开分析,目的是通过调查问题分析得出新企业会计准则中会计职业判断的难点、重点、影响因素、改进措施等有效信息,为会计准则的修订、会计职业判断的改进提供有益的建议。本书还探讨了会计职业判断与会计信息失真的关系,并论证指出会计人员职业判断失误一般会导致会计信息行为性失真,经营者的职业判断常常与会计信息违规性失真相关联。最后,本书对会计职业判断质量的影响因素进行了简要分析,并运用系统论的方法、从三个层面提出了改善会计职业判断质量的措施。

天下未乱计先乱,天下欲治计乃治。当前是我国会计理论与实务大发展的关键时期,会计准则的国际趋同和等效认可已经或将要成为现实,国内会计师事务所正在实施做大做强战略,会计领军人才建设如火如荼,内部控制建设迈出坚实的步伐,会计理论研究也日趋繁荣。作为一名年轻的会计学者,笔者将继续潜心致力于会计理论和实践问题的研究,努力挖掘自身潜能,提高自身水平,为早日在世界上彰显中国会计魅力,谱写更加辉煌而绚烂的篇章而不懈努力。

由于时间仓促,加之本人水平有限,本书仍存在一些不足之处需要改进和完善,敬请各位读者批评指正。

目　录

第一章　导论 … (1)
  第一节　研究背景与意义 … (1)
  第二节　国外研究综述 … (3)
  第三节　国内研究综述 … (6)
  第四节　研究内容与方法 … (9)
    一、研究内容 … (10)
    二、研究方法 … (12)
  第五节　本书的创新与不足 … (12)
    一、本书的创新之处 … (12)
    二、本书的不足 … (13)

第二章　会计职业判断的基本理论 … (15)
  第一节　会计职业判断的含义与特点 … (15)
    一、会计职业判断的含义 … (15)
    二、会计职业判断的广义观点 … (18)
    三、会计职业判断的特点 … (20)
    四、会计职业判断的分类 … (22)
  第二节　会计职业判断存在原因分析——基于信任理论的视角 … (24)
    一、信任理论 … (25)
    二、基于信任理论的会计职业判断存在原因解释 … (27)
  第三节　会计职业判断的构成要素 … (29)
    一、会计职业判断的主体与客体 … (29)
    二、会计职业判断的目标与原则 … (31)
    三、会计职业判断的依据与方法 … (34)

第四节　会计人员的职业判断分析 ………………………… (38)
　　一、会计人员的管理体制与立场选择 ……………………… (38)
　　二、会计人员的职业判断行为分析 ………………………… (40)
　　三、会计人员的职业判断能力分析 ………………………… (52)
　　四、会计人员职业判断中的职业道德分析 ………………… (56)
第五节　经营者的职业判断分析 …………………………… (61)
　　一、经营者在会计职业判断中的定位 ……………………… (61)
　　二、影响经营者会计职业判断的因素分析 ………………… (63)
　　三、经营者职业判断的道德风险 …………………………… (67)
第六节　会计人员职业判断与经营者职业判断的关系 …… (73)
　　一、会计人员职业判断与经营者职业判断的联系 ………… (73)
　　二、会计人员职业判断与经营者职业判断的区别 ………… (74)
第七节　会计人员与经营者在会计职业判断中的博弈
　　　　 分析 ………………………………………………… (75)
　　一、经营者先采取行动的博弈分析 ………………………… (76)
　　二、会计人员先采取行动的博弈分析 ……………………… (77)
　　三、小结 ……………………………………………………… (80)

第三章　企业会计准则与会计职业判断 ……………………… (81)
　第一节　会计准则与职业判断的关系 ……………………… (81)
　　一、会计准则为职业判断提供了制度边界 ………………… (81)
　　二、会计准则作用的发挥依赖于判断 ……………………… (82)
　　三、会计准则是用一种集体判断代替个人判断 …………… (83)
　　四、职业判断和会计准则既相互支持，又相互制约 ……… (85)
　第二节　会计准则的制定模式与会计职业判断 …………… (86)
　　一、规则导向的会计准则与会计职业判断 ………………… (86)
　　二、原则导向的会计准则与会计职业判断 ………………… (87)
　第三节　会计准则与会计职业判断的空间 ………………… (90)
　第四节　我国会计标准的制定与会计职业判断 …………… (91)
　第五节　新会计准则实施后会计职业判断的特征 ………… (93)

一、新准则要求经营者更大程度地参与会计职业判断 … （93）
　　二、在会计确认中更加强调实质重于形式原则的运用 … （93）
　　三、适度运用公允价值计量，加大了会计职业判断的
　　　　难度 …………………………………………………… （94）
　　四、要求充分披露相关信息，增加了职业判断的广度 … （95）
　　五、凸显了会计职业的价值，加大了会计职业的风险 … （96）
　第六节　职业判断能否偏离会计准则 ……………………… （96）
第四章　会计职业判断在企业会计准则中的应用研究 ……… （101）
　第一节　会计职业判断在企业会计准则中的应用综述 …… （101）
　　一、会计基本假设的职业判断 ……………………………… （102）
　　二、会计原则的职业判断 ………………………………… （103）
　　三、会计确认的职业判断 ………………………………… （104）
　　四、会计计量的职业判断 ………………………………… （110）
　　五、财务报告的职业判断 ………………………………… （117）
　　六、小结 …………………………………………………… （119）
　第二节　实质重于形式原则的职业判断研究 ……………… （119）
　　一、实质重于形式原则产生的原因分析 ………………… （119）
　　二、实质重于形式原则的内涵分析 ……………………… （120）
　　三、会计职业判断中实质重于形式原则的运用 ………… （122）
　　四、运用实质重于形式原则的建议措施 ………………… （126）
　第三节　公允价值计量的职业判断研究 …………………… （128）
　　一、公允价值的概念分析 ………………………………… （128）
　　二、公允价值带给会计职业判断的挑战 ………………… （134）
　　三、公允价值在我国新会计准则中的应用 ……………… （136）
　　四、公允价值的运用与会计职业判断 …………………… （138）
　　五、公允价值计量职业判断的难点 ……………………… （145）
　　六、规范职业判断，合理运用公允价值计量的对策 …… （147）
　第四节　会计重要性的职业判断研究 ……………………… （148）
　　一、重要性的概念 ………………………………………… （148）

二、重要性判断的标准 ……………………………………（151）
三、重要性判断的具体运用 ………………………………（153）
四、重要性的判断标准 ……………………………………（156）

第五章 会计职业判断调查问卷分析 ……………………（159）
第一节 样本情况与被调查者的背景资料 ………………（159）
第二节 调查结果及分析 …………………………………（160）
一、对会计职业判断的基本认识 …………………………（160）
二、对会计职业判断运用的基本情况 ……………………（163）
三、新会计准则中的判断重点与难点 ……………………（166）
四、公允价值运用情况的判断 ……………………………（169）
五、会计职业判断的影响因素与改善措施 ………………（172）
第三节 问卷调查的基本结论与启示 ……………………（177）

第六章 会计职业判断与会计信息失真 …………………（179）
第一节 会计信息失真的含义与分类 ……………………（179）
一、会计信息失真的含义 …………………………………（179）
二、会计信息失真的分类 …………………………………（180）
第二节 会计人员的职业判断与会计信息行为性失真 …（182）
一、会计人员职业判断行为性失真的客观必然性 ………（182）
二、影响会计信息行为性失真的心理因素分析 …………（183）
三、影响会计信息行为性失真的能力因素分析 …………（187）
四、影响会计信息行为性失真的环境因素分析 …………（188）
第三节 经营者的职业判断与会计信息违规性失真 ……（189）
一、经营者滥用职业判断的性质 …………………………（189）
二、滥用会计职业判断的形式 ……………………………（190）
三、经营者滥用会计职业判断的管制 ……………………（194）

第七章 会计职业判断质量改善 …………………………（197）
第一节 会计职业判断质量的评价标准 …………………（197）
一、会计职业判断质量的含义 ……………………………（197）
二、会计职业判断质量的评价标准 ………………………（198）

第二节　会计职业判断质量的影响因素分析……………（202）
　　　一、单个会计项目判断质量影响因素分析……………（202）
　　　二、整体判断质量影响因素分析………………………（203）
　　第三节　提高会计职业判断质量的对策…………………（204）
　　　一、从个人层面，提高判断主体的判断能力和道德
　　　　　水平………………………………………………（205）
　　　二、从制度层面，建立健全会计职业判断的执行
　　　　　机制………………………………………………（207）
　　　三、从环境方面，完善会计职业判断的支撑环境………（214）
附录　调查问卷………………………………………………（217）
参考文献………………………………………………………（226）
后记……………………………………………………………（235）

第一章 导 论

第一节 研究背景与意义

美国著名会计史学家迈克尔·查特菲尔德曾说，会计的发展是反应性的，它与经济的发展密切相关。会计发展史表明，会计是特定环境的产物，经济环境的变化对会计理论和实务的发展有着巨大的推动作用。会计准则作为规范会计确认、计量与报告的行为规则，也应随着环境的变化而变化。2006年2月15日，财政部发布了由1项基本会计准则和38项具体会计准则以及应用指南组成的新会计准则体系。这套会计准则体系的颁布，标志着中国与国际财务报告准则趋同的企业会计准则体系正式建立，对于完善我国社会主义市场经济体制、提高对外开放水平和加速中国融入全球经济都具有重要意义。新会计准则的实施将会有效地提高会计信息质量，有力地促进我国社会经济的健康发展，但同时它也给我国企业带来巨大考验，对企业管理者和会计人员的职业判断能力提出更高的要求。

新企业会计准则参照国际会计准则，以原则为基础，留给企业较大的自由度和选择空间，允许企业管理当局根据自己的判断进行账务处理，以求财务报表能够更加真实、公允地反映企业的价值。新会计准则职业判断空间的扩大，一方面可以使企业管理当局与会计人员根据企业内、外部的实际情况做出判断，选择合适的会计处理方法并作出恰当的估计，能够增加会计信息的相关性；另一方面，也给企业管理当局以更大的盈余管理空间，在制度安排与监管措施不到位的情况下容易诱发利润操纵，反而会降低会计信息的可靠性。新会计准则的实施效果很大程度上取决于会计职业判断的有效运用。如果会计职业判断运用得当，则会显著提高会计信息的质量，提升会计工作的价值；反之，则会造成会计信息质量低下，会计作用得不到有效发挥。社会经济的发展使会计环境变得复杂多变，不确定性经济事项日益增多，企业经营风险和财务风险不断加大，而同时会计准则的原则导向则留给管理当局越来越大的职业判断空间。现代会计的职能已由传统的反映与监督演变为风险控制和职业判断。

正如资深特许会计师克里斯·A.麦浦在《教育我们的学生——我们的责任是什么？》中写到："会计技能大体上是一个经验和判断问题。基础理论并不十分深奥。而当我们试图将这些基本原理运用于商业环境中出现的无穷变化着的、复杂的各种情形时，真正的考验随之而生。事实性的信息及信息获取的准确性固然重要，但是除非能够与判断的开发和培训同步进行，否则它们的价值将被埋没……解决商业问题不仅仅要求有条理地掌握事实的秩序，同样重要的是，对这些事实的细致分析、合乎逻辑的推理、形成和得出有效的结论，并且进行恰当地判断"。❶ 杰宾斯与梅森则认为，如果没有职业判断所带来的灵活性和智慧，财务会计程序、准则和规则所组成的复杂财务会计系统就会是笨拙的、反应迟钝的、不敏感的，简言之，是无法运作的。❷ 因此我们认为，会计职业的精髓在于能够进行独立判断的能力。没有了会计职业判断，会计就失去了其应有的魅力，也就失去了其作为一个职业的价值。

随着我国《企业会计准则2006》的颁布和实施，会计职业判断的范围扩大、难度增加，并越来越引起理论界的关注，成为当前会计理论界和职业界的重要课题。因此，认真研究企业会计准则中职业判断的运用，深入探讨影响职业判断的因素，不断提升职业判

---

❶ ［加］迈克尔·杰宾斯，［加］阿里斯特·K.梅森.财务报告中的职业判断.胡志颖等译.北京：经济科学出版社，2005：11.

❷ ［加］迈克尔·杰宾斯，［加］阿里斯特·K.梅森.财务报告中的职业判断.胡志颖等译.北京：经济科学出版社，2005：11.

断能力，采取有效措施保障职业判断的恰当运用，对于新企业会计准则的顺利实施、会计信息质量的稳步提高与会计职能的有效发挥都具有重要意义。

第二节 国外研究综述

会计职业判断是会计发展和社会进步的产物，会计职业判断受到国外理论界和实务界的关注始于20世纪六七十年代。加拿大较早地开展对会计职业判断的研究，并取得了较为丰富的研究成果。在1986年，加拿大特许会计师协会下的会计准则委员会展开的一项名为"财务报告中的职业判断"的调查研究，并于1988年形成了"财务报告中的职业判断"研究报告。该研究主要运用问卷调查的方法探讨了财务报告中职业判断的本质和运用，并对会计准则制定者与职业判断者给出了若干建议。该研究报告认为，职业判断应包括知识、经验、客观和正直，并且应在职业准则的框架内进行；职业判断是一个需要时间的复杂的动态的过程，受到许多人为和环境因素的影响；职业准则与职业判断关系密切，两者相互支持，相互促进；研究还强调将来应给予职业判断更大的重视。

很多西方学者从不同的角度对会计职业判断进行研究，主要研究成果有：

（1）迈克尔·杰宾斯（1984）❶引入了包括人、动因和责任三个组成要素的模型来研究职业判断过程中有关会计人员或审计师心理；（2）1986年瓦茨和齐曼尔对会计职业判断动机进行研究，并通过实证研究，论证了影响企业会计选择（会计判断的一方面）的三个假设，即报酬计划假设、债务契约假设和政治成本

---

❶ Michael Gibbins. Propositions About the Psychology of Professional Judgment in Public Accounting. *Journal of Accounting and Economics*. April, 2001: 85–107.

假设。他们认为：企业经理人员的个人收益一般是与企业的经营情况，特别是盈利等会计指标紧密联系的，因而管理当局具有通过会计选择来影响会计利润的动机；企业管理当局具有通过会计选择行为来美化财务状况以满足债务契约动机；为减少政府管制带来的成本，企业管理层会通过一定的选择行为来迎合政府的监管，或者游说政府采取有利于己的政策措施；（3）格兰特、柯林斯和丹尼尔认为会计职业判断的内容应包括语义判断、应用判断、制度判断三个层次❶；（4）罗伯特·利比和琼·勒弗特认为会计职业判断绩效在会计环境中的决定因素是能力、知识、动机和环境❷；（5）阿里斯特·K. 梅森与迈克尔·杰宾斯（1991）❸研究了判断与美国会计准则的关系，揭示了美国会计准则与报表编制者和审计师职业判断之间的密切关系，并对会计准则制定者提出相关建议；（6）斯肯纳·罗斯在"危险中判断——为什么详尽的规则永远代替不了特许会计师在财务报告中的职业判断"（1995）一文对会计职业判断与会计准则的关系进行了深刻的论证❹。（7）罗伯特和艾莉森（1995）❺将对会计职业判断的研究分为几个阶段。第一阶段的会计职业判断研究主要是为了满足会计实务的需要和促进会计规章的制定，重点在于会计信息外部使用者所需要的信息类型的确定，及如何更好地计量和揭示这些会

---

❶ Grant A. Brown, Roger Collins and Daniel B. Thornton. Professional Judgment and Accounting Standards. *Accounting, Organizations and Society*, 1993, 4: 275 – 289.

❷ Robert Libby and Joan Luft. Determinants of Judgment Performance in Accounting Settings: Ability, Knowledge, Motivation, and Environment. *Accounting, Organizations and Society*, 1993, 5: 425 – 450.

❸ Mason, Alister K., Gibbins, Michael. Judgment and U. S. Accounting Standards. *Accounting Horizons*, Jun 1991, 14 – 24.

❹ Ross. Skinner. Judgment in Jeopardy Knowledge. CA magazine, 1995, 14: 16 – 21.

❺ Robert H. Ashton and Alison Hubbard Ashton. Judgment and decision – making research accounting and auditing. NewYork: Cambridge University Press, 1995.

计信息,它与会计准则的建设是密切相关的。第二阶段的研究则主要关注个体决策行为,包括:(1) 个体的决策过程、个体决策模型的建立;(2) 个体在会计判断中表现出来的缺陷、剖析这些缺陷产生的原因、设法减少或消灭这些可能的缺陷;(3) 不同个体,特别是不同职业背景对会计政策选择倾向的影响。

安然事件之后也引发了人们对于会计职业判断的思考,许多会计学家认为安然的破产应归罪于美国以规则为基础的、详尽的会计准则,从而将会计职业判断置于一种危险的境界,最终导致公司破产事件。比如,戴尔·吉斯雷森的"Accounting standards-setting reform"和"Enron and beyond"(2002);瑞恩·帕特森的"Better standards after Enron?"(2002)❶等文章都透过安然公司破产事件阐述了会计准则与会计职业判断在公司破产中的影响、会计准则与会计职业判断的未来发展趋势等问题。乔纳森在"会计准则明线(bright line)与职业判断的两难选择:特殊项目实体合并规则的视角"❷中通过对特殊项目实体(SPE)合并规则的研究得出结论:详细的规则和明线检验弱化了职业判断的作用,由此产生的决策与已建立的规则一致,而与提供最有用的财务信息的社会政策目标不一致。详细的规则基础的公认会计原则(GAAP)把职业判断排挤出财务报告系统,削弱了会计职业判断能力。因此,解决财务报告系统现实问题的方法不在于增加现有规则的复杂性,而是在于鼓励和要求个人承担责任和职业判断的应用。

兰德尔·W. 瑞特弗若(2000)在其博士论文"会计职业判断

---

❶ Dale Gislason. Enron and beyond. CGA Magazine, 2002, 36: 5 – 6; Dale Gislason. Accounting standards – setting reform CGA Magazine, 2002, 4: 5 – 6; Ron Paterson. Better standards after Enron? Accountancy, 2002, 3: 100.

❷ Jonathan Duchac. The dilemma of bright line accounting rules and professional judgment: Insight from special purpose entity consolidation rules. *International Journal of Disclosure and Governance*, Oct 2004; 1, 4: 324.

在美国会计准则应用中的角色"❶ 中，运用实验研究的对111名美国各地的公司财务报告编制者的财务报告决策进行了检验。研究结果支持了财务报告在会计标准严重依赖于职业判断的实施时，比会计标准较少要求职业判断时缺乏可比性。研究结果还支持道德风险环境与会计标准应用中的职业判断水平相互作用，对财务报告编制者的报告决策产生影响。

综上所述，国外对会计职业判断的研究主要集中在两个方面：一是研究个体决策行为，主要研究如何提高个人判断和决策的质量，即研究个人如何做出判断和影响判断绩效的因素，测试产生判断的认知过程理论。在研究中引入了实验室法、档案研究、案例研究等实证研究方法，还应用了心理学上的过程追踪技术来研究决策过程中的细节。二是研究会计准则与会计职业判断的关系，其中代表人物是加拿大的迈尔克·杰宾斯，他首先研究了财务报告中的职业判断，然后探讨了美国会计准则与职业判断的关系。特别是安然事件爆发后，人们针对会计准则的制定导向：规则导向还是原则导向与会计职业判断的关系进行了较为深入的研究，得出了一些有益的结论。总体来看，国外研究多偏重于会计判断过程中的心理、行为和经济学的理论探讨，所涉及的会计领域也多是和会计准则、资本市场等有关的内容，缺乏系统的会计职业判断的理论分析和研究。

第三节 国内研究综述

我国对会计职业判断的研究较晚，一般认为会计职业判断是在"两则两制"以后出现的。直到2000年企业会计制度发布，更多具

---

❶ Randall W. Renfro. The Role of Professional Judgment in the Application of U. S. Accounting Standards: an Experimental Study of the Effect of Professional Judgment on Financial Reporting Decision of Accountants. Dissertation for the Degree of Doctor of Philosophy, Florida Atlantic University.

体会计准则陆续出台，关于会计职业判断的研究才逐渐增多，特别是 2006 年新的一套企业会计准则体系颁布后，引发了会计职业判断的热潮。总的来说，会计职业判断的研究内容可以分为以下四个方面。

（1）会计职业判断涵义、特征和影响因素等方面的研究。关于会计职业判断含义的研究，杨家亲、许燕（2003）认为所谓会计职业判断，是指会计人员根据会计法律、法规和会计惯例等会计标准，充分考虑企业现实与未来的理财环境和经营特点，运用自身专业知识和经验，通过计算、分析、比较等方法对不确定性经济事项所作的裁决与断定，其目的在于保证会计信息的质量；夏博辉（2003）认为会计职业判断是会计人员在会计法规、企业会计准则、国家统一会计制度和相关法律法规约束的范围内，根据企业理财环境和经营特点，利用自己的专业知识和职业经验，对会计事项处理和财务会计报告编制应采取的原则、方法、程序等方面进行判断与选择的过程，即对企业应采用什么样的会计政策进行判断与选择。关于会计职业判断特征的研究，大多数的学者，如夏博辉（2003）、张世兴等（2003），都认为具有专业性、目标性、权衡性和社会性等特征。对会计职业判断影响因素的研究，杨家亲、许燕（2003）把影响会计职业判断的因素归纳为主体因素、客体因素和环境因素；夏博辉（2003）认为影响因素包括会计法律、行政法规和国家统一会计制度、企业的组织形式、企业的生产经营特点、财务会计报告的质量要求、会计人员的职业判断水平。

（2）会计职业判断与会计信息质量。朱星文（2002）在"会计职业判断与提高会计信息质量"一文中主要研究了企业会计制度实施后会计职业判断的应用问题，并提出增强会计职业判断能力、提高会计信息质量的若干途径；徐玉德（2005）在"论会计职业判断与会计信息质量"中认为会计职业判断是技术性与社会性的辩证统一，会计职业判断影响会计信息质量，但决不能因此就排斥会计职业判断，指出会计职业判断的边界：制度规范，并提出了规范会计职业判断、提高会计信息质量的四项建议；周一虹（2005）在"职业判断与提高会计信息质量"中认为，目前我国会计师职业判断的平均质量水平令人担忧，出于故意或无意等原因导致合法性判断与合规性判断失误，甚至出现企业会计信息的大面积严重失真。在制度转型过程中，要及早重视职业判断的研究，并可以通过控制会计职业判断的质量，来提高会计信息的质量。

（3）会计职业判断的行为研究。吕博（2000）认为人的行为受动机支配，动机是行为的主要原因，会计行为也是如此，会计行为动机受会计人员偏好、价值观和抱负水准的影响；付小平、张文贤（2003）认为会计人员主体、会计行为过程以及会计职业判断缺乏独立性是导致会计信息失真的根本原因，要保持会计职业判断的独立性就必须让会计人员独立地判断经济业务的合法性和真实性以及独立地选择会计政策和方法；栾艳等（2003）从有限理性角度透视会计专业判断，认为由于有限理性理论告诉我们在处理经济业务的时候，不仅要重视结果，更要重视过程，因此若要使结论真实可靠，就必须依靠会计处理程序准确无误，而若想保护会计处理程序准确无误，就必须以准确的会计专业判断为依托。

（4）会计职业判断在会计准则、会计制度中的应用。张世兴、孙丹（2004）通过阐述会计原则、会计标准和会计职业判断导引三者的关系，认为我国会计标准的制定应该采用以原则导向为主、兼顾规则导向的会计标准制定模式；王跃堂、赵子夜（2003）认为专业判断是应计制会计的固有特征，具有不可替代性，在缺乏有效的判断执行环境的支撑下，通过会计标准缩小专业判断的空间有利于提高盈余信息的可信度，但就会计改革的趋向而言，构筑专业判断的支撑环境，完善专业判断的执行机制应成为改革之重。自2006年颁布新的一套企业会计准则以来，针对新会计准则研究会计职业判断的文献不断涌现。陈文军、钟惠（2007）在"新会计准则的精髓——职业判断"论证了会计职业判断在新会计准则实施中的重要作用，探讨了在新形势下提高职业判断的途径；黄珍文（2007）

撰文分析了新会计准则下会计职业判断的应用以及职业判断与盈余管理的关系；柏春华等（2007）、童云峰（2007）、刘百灵（2007）研究了公允价值会计运用中的会计职业判断；叶映红（2007）分析了新会计准则中货币时间价值理论的运用与会计职业判断；戴华岳（2007）则从会计准则国际趋同的视角审视了会计职业判断。

此外，孙丹（2004）、王慧（2006）先后阐述了建立会计职业判断导引体系的必要性、可行性、导引框架体系的构成以及导引体系与会计标准执行机制的关系。李斌、张新美（2007）则从会计职业判断研究的三个维度展开分析：宏观维度，从制度层面探讨职业判断与会计管制（准则）的互动；中观维度，运用组织理论分析企业层面群体会计职业判断的特征，比如复杂系统效应；微观维度，通过心理学和行为学研究个体职业判断的影响要素，并指出了微观研究的缺陷。

虽然我国会计界在会计职业判断的研究方面取得了一定的成果，但是仍然存在着一些不足。主要表现在：（1）研究范围窄，视角狭小，往往对会计职业判断的某个方面单独进行研究，将会计职业判断看做是会计人员的职业判断，没有形成比较完整的研究体系，大多数研究流于表面形式，不够深入。（2）没有有效结合新企业会计准则的颁布实施进行深入细致地研究。新企业会计准则颁布后，虽然结合新会计准则开展会计职业判断研究已取得了一些成果，但比较零散，不够系统，没有形成一个完整的体系。（3）很少将心理学、行为学知识引入会计职业判断的研究过程，没有有效揭开职业判断的"黑箱"，极少有人进行实验研究与实证分析。（4）对会计职业判断能力提高的研究还停留在理论界，实务方面的内容较少，缺乏具体的实施论证与检验。

第四节 研究内容与方法

本书拟从理论与应用两方面对会计职业判断展开研究，目的是

第一章 导 论

探究新企业会计准则下会计职业判断的特征和构成内容,分析重要的会计职业判断事项,明辨会计职业判断与会计信息失真的关系,找出会计职业判断质量的影响因素,进而提出改进的建议与措施,以期达到改善会计职业判断、提高会计信息质量之功效。

一、研究内容

本书对会计职业判断的研究主要包括以下七个方面:

第一章,"导论"主要阐释基于新企业会计准则开展会计职业判断研究的背景与意义,从国外、国内两方面进行文献综述,进而提出本书的研究内容与方法、研究创新与不足。

第二章,"会计职业判断的基础理论"。首先,重新定义了会计职业判断,指出会计职业判断是会计行为主体实施的一种判断与选择,判断主体既包括会计人员,也包括企业经营者,进而归纳得出职业判断的特点;其次,阐述了会计职业判断的构成要素:主体与客体、目标与原则、依据与方法等;然后,重点分析了会计人员的职业判断,将会计人员的职业判断作为一种会计行为加以研究,对影响会计职业判断行为的心理因素与环境因素进行深入分析,进而又论述了影响会计人员职业判断质量的两大因素:职业判断能力与会计职业道德,重点阐释了职业判断能力的构成要素与会计人员的道德风险,提出通过建立职业道德的有效执行机制来防范道德风险;再次,探讨了经营者的职业判断,在明确经营者在会计职业判断中定位的基础上,讨论了影响经营者会计职业判断的因素,重点阐述经营者职业判断的道德风险及其防范;最后,探讨了经营者职业判断与会计人员职业判断的联系与区别,并运用博弈论分析了经营者与会计人员在职业判断中的策略选择。

第三章,"企业会计准则与会计职业判断",首先论述了会计职业判断与会计准则之间的关系,然后探讨了我国标准的制定与会计职业判断的互动关系,最后结合新企业会计准则的特点和内容,分析了新会计准则实施后会计职业判断的特征。

第四章，"会计职业判断在企业会计准则中的应用研究"，首先对会计职业判断在新企业会计准则中的应用进行综合分析，从会计假设、会计原则、会计确认、会计计量与会计报告等五大方面讨论了会计职业判断在新准则中的应用内容；然后，抓住会计确认、计量、报告这三个方面中会计职业判断的重点内容分别加以阐述，在会计确认中重点论述了实质重于形式原则运用的职业判断，在会计计量中重点讨论了公允价值运用的职业判断，在会计报告中重点分析了会计重要性运用的职业判断。

第五章，"会计职业判断调查问卷分析"，首先介绍了问卷调查的样本情况和被调查者的背景资料，然后从对调查结果进行了统计分析，最后阐述了基于问卷调查得出的基本结论与启示。

第六章，"会计职业判断与会计信息失真"，首先介绍了会计信息失真的概念与分类，然后分别分析了会计人员职业判断与经营者职业判断与会计信息失真的关系，分析指出会计人员职业判断失误一般会导致行为性失真，经营者的职业判断常常与违规性失真相关联。

第七章，"会计职业判断质量改善"，首先分析了会计职业判断质量的含义，提出了评价职业判断质量的标准；然后，从单项判断与整体判断角度对影响会计职业判断质量的因素进行了简要分析；最后从三个层面提出了提高会计职业判断质量的措施，从个体层面，提高会计人员的职业判断能力和会计职业道德，提升经营者的综合判断能力与培育经营者的信誉资本；从制度层面，建立有效的会计职业判断执行机制，其中既包括自我执行机制：职业判断导引体系与会计判断释疑委员会的引入、健全的内部控制系统、完善的公司内部治理机制、有效的独立监督机制、良好运作的信誉机制与及时有效的公众媒体监督机制，又包括强制执行机制：政府监管与法律机制；从环境层面，改善会计职业判断环境的具体措施包括构建社会诚信体系、塑造正确的企业伦理观念、完善市场体系建设与建立社会对账系统等。

二、研究方法

本书综合运用现代会计理论研究的方法,理论与实践相结合,定性与定量相结合,规范研究与实证研究相结合,特别是运用问卷调查法,对会计职业判断在新企业会计准则中的运用进行统计分析,增强了论证效果。

第五节 本书的创新与不足

一、本书的创新之处

本书的主要创新表现在:

(1) 从广义的视角重新定义了会计职业判断,指出会计职业判断是由企业经营者与会计人员实施的一种判断与选择,使会计职业判断的过程与结果能够有机结合起来。

(2) 重点探讨了经营者的会计职业判断,给经营者的职业判断以恰当的定位,分析了经营者滥用会计职业判断的含义与方式,指出滥用职业判断实质上是一种舞弊行为并会形成违规性失真,运用博弈论分析了经营者与会计人员在职业判断中的关系。

(3) 归纳提出新企业会计准则实施后会计职业判断的特征,系统分析了新企业会计准则中的会计职业判断,特别针对新会计准则的亮点——公允价值进行重点论证,从公允价值的应用条件、具体确定、披露等方面阐述会计职业判断的具体运用,并提出应对公允价值职业判断的对策建议。

(4) 基于调查问卷,对会计职业判断在新企业会计准则中应用的重点、难点、影响因素与改进措施等问题进行分析,得出了一些有益的结论和启示。

(5) 针对会计职业判断的质量,提出质量评价的标准体系,从三个层面,即个体层面、制度层面、环境层面入手来改善会计职业判断质量,并给出了切实可行的措施。

二、本书的不足

本书主要是规范研究,并适当地进行了调查问卷的实证研究。但是没有深入引入心理学、行为科学的理论进行分析,由于条件限制无法开展实验研究和统计数据分析,而实验研究则是会计判断、审计判断研究的重要方法。

本书的不足之处也正是以后需要深入研究的地方,相信随着本人日后知识的积淀日渐丰厚,实验条件的日益改善,笔者将继续致力于会计职业判断的实验研究和统计数据分析研究。

第二章 会计职业判断的基本理论

第一节 会计职业判断的含义与特点

一、会计职业判断的含义

要掌握明确什么是会计职业判断首先必须明确判断的含义。根据《现代汉语词典》的解释,判断是:(1)思维的基本形式之一,就是肯定或否定某种事物的存在或指出它是否具有某种属性的思维过程。(2)断定,即"下结论"❶。加拿大财务报告中的职业判断课题组认为:"'判断'是一个选择、决策并导致行动的过程"❷。因此,我们可以得出判断就是对事物有所断定的一种思维过程。职业判断则是判断的思维过程在人们所从事的专业领域的运用,它存在于各个行业,应用于社会经济生活的各个方面。

(一)国外的观点

会计职业判断的概念是于20世纪六七十年代在国外率先提出来的,直到20世纪90年代后期才开始引起我国学术界的关注。在国外的研究中,加拿大会计学术界及准则制定机构的相关研究走在了前面。加拿大特许会计师协会率先于1985年开启了两个关于职业判断专题项目的研究,并取得了卓有成效的研究成果。在"财务报告中的职业判断"研究报告中,他们将会计职业判断定义为:"职业判断"是这样一种判断,它由有经验和有知识的人进行,在

---

❶ 中国社会科学院语言研究所词典编档室编.现代汉语词典.北京:商务印书馆,1979:853.

❷ [加]迈克尔·杰宾斯,[加]阿里斯特·K.梅森.财务报告中的职业判断.胡志颖等译.北京:经济科学出版社,2005:15.

适当的职业框架之内,以必要关注、客观和正直态度作出的判断❶。同时,还做出特别说明:这种定义下的职业判断在复杂的、界定不清楚或是动态的情况下,特别是在准则本身不完善的情况下最有价值;这种职业判断通常还包括向其他同行业的人咨询,确定潜在的后果,并记录形成决策的分析过程。

(二) 国内的观点

国内对会计职业判断的研究起步较晚,到目前为止比较有代表性的概念有以下几种。

(1) 会计职业判断是会计人员按照会计准则、制度的要求,根据企业理财环境和经营特点,利用自己的专业知识和职业经验,对日常会计事项的处理和财务报表的编制应采取的原则、方法、程序等方面进行判断与选择的过程。❷

(2) 会计职业判断是指会计人员履行法定职责时,基于会计规范、职业经验和具体会计环境中的会计重要性水平,对会计事项专业处理的恰当性进行独立辨别的行为过程。❸

(3) 会计职业判断是会计人员在会计实务处理中,肯定或否定某项交易(事项)的发生或完成,以及指明会计各要素的存在状况的思维过程。❹

(4) 会计职业判断是建立在会计专业基础上的一种判断,它是指会计人员面临不确定情况时,根据会计准则、制度的要求,结合企业的经营环境和特点,运用职业规则和自身经验,对企业经济业务的会计处理和最终的财务报表编制所应采取的原则、方法等方面

---

❶ [加] 迈克尔·杰宾斯,[加] 阿里斯特·K. 梅森. 财务报告中的职业判断. 北京:经济科学出版社,2005:16.

❷ 杨荣辉. 会计职业判断探微. 财会月刊,2001,14:24-25.

❸ 戴德明,周华,蒋娜. 会计规范的形式变迁:理论解释与优化思路. 天津商学院学报,2001,6:52-56.

❹ 朱星文. 会计职业判断与提高会计信息质量. 当代财经,2002(11):75-77.

进行判断与选择的过程。❶

(5) 会计的职业判断，就是会计人员在会计法规，会计准则，国家统一的会计制度和有关的法律、法规的约束范围内，根据企业的理财环境和特点，利用自己的专业知识和职业经验，对会计事项和财务会计报告的编制应采取的原则、方法、程序等方面，进行判断与选择的过程。它具有专业性、目标性、权衡性等特征。❷

(6) 会计职业判断是指会计人员根据会计法律、法规和规章等会计标准，充分考虑企业现实与未来的理财环境和经营特点，运用自身专业知识和职业经验，通过识别、计算、分析、比较等方法，对不确定性会计事项所作的裁决与断定，其目的是为了保证会计信息的质量。❸

(7) 会计职业判断指职业会计人员在履行职责的过程中，依据现有的法律、法规和会计准则以及会计制度，根据企业理财环境和经营特点，利用自己的专业知识和职业经验，对会计事项处理和财务会计报告编制应采取的原则、方法、程序等方面进行判断与选择的过程，即对企业应采用什么样的会计政策进行判断与选择，在会计政策许可范围内作出的判断性估计和决策。❹

尽管这些定义表述的内容并不完全相同，但有一些相同的认识和观点，笔者将其中的共同点归纳如下：会计职业判断是会计人员所作出的主观判断；会计职业判断的基础是判断者的专业知识和职业经验；会计职业判断要依据一定的判断标准来进行，判断标准通常是会计法律、法规和规章，最直接的标准是会计准则和会计制度；会计职业判断的对象是会计事项处理和财务会计报告编制应采取的原则、方法、程序等；会计职业判断是一个判断和选择的思维

---

❶ 张世兴等. 会计职业判断. 中国海洋大学学报（社会科学版），2003，2：41.
❷ 夏博辉. 论会计职业判断. 会计研究，2003，4：36.
❸ 杨家亲，许燕. 会计职业判断研究. 会计研究，2003，10：43.
❹ 周一虹. 职业判断与提高会计信息质量. 商业时代·理论，2005，14：52.

过程。

对比国内外有关职业判断，我们可以发现，加拿大特许会计师协会所给出的定义更加强调职业判断人员的职业精神：必要关注、客观和正直态度，并且强调了这是一个分析性的决策过程。而我国学者的定义强调的是，会计人员依据一定的标准所进行的判断与选择的过程，缺乏对职业判断中的道德要求。还有一点区别是在加拿大特许会计师协会所给出的定义中没有直接说明职业判断的人一定就是会计人员，只是说是有经验和有知识的人作出的判断，而我国学者的定义中一般都指明会计职业判断主体就是会计人员。

二、会计职业判断的广义观点

什么是会计职业判断呢？笔者认为，上述我国会计职业判断的定义是从狭义的角度来理解的，仅仅指会计人员作出的判断，可以看做为会计人员的职业判断。而我们应该从广义的视角来看待会计职业判断。笔者认为，会计职业判断是由会计行为主体在履行职责的过程中，依据会计法律、法规和会计准则或会计制度等标准，根据企业理财环境和经营特点，利用自己的专业知识和职业经验，对会计事项处理和财务会计报告编制应采取的原则、方法、程序等方面进行判断与选择的过程。会计行为主体❶既包括企业会计人员，

---

❶ 会计行为主体可以分为三个层次，第一个层次的会计行为主体是企业管理当局，即本书中所称的经营者。会计是企业重要的内部管理活动之一，既然是企业管理活动，就必须接受企业管理当局的直接领导，否则，就无法有效地发挥会计的管理职能。企业管理当局一般不直接进行具体会计行为，但会计人员是由其控制，甚至操纵的，他们对会计的行为负领导和直接责任。第二个层次是会计行为群体即会计行为组织。是由会计人员所构成的组织，负责组织实施会计行为。第三个层次是会计人员。会计人员是指那些具有一定的会计专业知识和技能，具有会计行为能力，并获得权威机构认可，直接参与社会实践活动，能独立或与他人协作从事会计业务活动的会计人员。本书主要研究会计职业判断的行为主体，实质上包括会计人员、经营者和会计行为组织，但本书主要分析作为会计行为主体重要组成部分的经营者和会计人员的职业判断。

也包括企业经营者。❶

为什么把企业经营者也纳入会计职业判断的主体,是基于以下几个方面的考虑。

(1) 我国 1999 年修订的《中华人民共和国会计法》(以下简称《会计法》)规范了各单位会计核算、会计监督和会计管理行为。从单位内部来说,单位负责人、单位会计工作的负责人、单位会计机构负责人(会计主管人员)、单位会计人员都有一个对单位会计核算和会计内部监督的原则、方法、程序等如何进行选择、判断的问题。因此,会计职业判断不仅仅是会计人员的事,我们应该从更加宽泛的意义上去理解。

(2) 会计准则或会计制度中规定的一些可由企业自行确定和执行的会计政策,从管理权限来讲,应由企业经营者❷决定。从现实情况来看,每个单位到底采用怎样的会计政策,在会计核算、会计监督中选择怎样的原则、方法、程序,往往并不是由单位会计人员所决定的,而是由单位负责人决定。如对投资性房地产,是采用公允价值计量模式,还是采用成本计量模式,可由企业根据情况确定,按照管理权限,应由经营者做出决定。会计人员只是负责提出可行的建议,并没有决定权。

(3) 从国外有关公司、会计的立法情况看,公司对外提供的财务会计报告是由公司管理当局负责。我国《会计法》第 4 条也规定:"单位负责人对本单位的会计工作和会计资料的真实性、完整性负责。"《会计法》将单位会计工作和单位会计资料真实性、完整性的责任明确规定在单位负责人身上,恰恰说明了单位负责人在

---

❶ 吴联生认为,会计规则执行人包括经营者和会计人员。显然,会计人员是会计系统的重要组成部分。对于如何看待经营者与会计系统之间的关系,吴联生认为,会计系统为经营者的经营决策和监督其他生产者而提供信息时,经营者是会计信息的使用者,而非会计系统的构成部分;会计系统向除经营者以外的利益相关者提供会计信息时,经营者是会计系统的构成部分(吴联生,2000)。

❷ 在本书中,不对企业经营者、管理当局与单位负责人作区分。

会计工作中的重要地位和作用。经营者需要对会计信息的生产者——会计人员进行监督,当然包括对会计人员的职业判断的监督,并对重大会计职业判断具有决定权;会计人员是会计职业判断的直接执行主体,具有一般职业判断的决定权和重大职业判断的建议权。

(4)按照权力与责任相对等的角度,做出判断的主体应当对做出的判断负责。如果把判断主体仅限于会计人员,那么有些判断并不是会计人员作出的,会计人员只不过是一个执行者,却要对判断结果负责,这显然不符合逻辑。例如,现实世界中大量的利润操纵、会计造假、财务舞弊行为,都是在单位负责人的授意、指使、强令下,由会计人员执行产生的,会计人员属于被动执行。从治理会计舞弊、会计信息失真角度,将企业经营者纳入职业判断主体,对于提高会计信息质量具有重要的现实意义。

三、会计职业判断的特点

(一)技术性与社会性

会计工作是一个高度专业化、技术性很强的工作,需要大量专业知识和专业技巧。会计职业判断是会计主体充分利用自己的专业知识和职业经验,对经济业务进行判断和分析的过程,它需要判断主体具有丰富的职业经验和渊博的专业知识,才能胜任这项工作。会计职业判断是一个技术性极强的工作,同时它也是一个具有社会性的工作。会计职业判断的社会性一方面表现在其本身具有的社会性,另一方面表现在其经济后果的社会性。不同的会计职业判断过程会产生不同的会计职业判断经济后果。由于会计职业判断的结果会影响有关的国家税收和财富的分配,因此会计职业判断会对企业的投资人、债权人、政府部门和潜在的投资者等利害关系人产生鲜明的经济影响,进而产生不同的经济后果。会计职业判断的社会性特征要求会计主体进行职业判断时,不仅要考虑其对自身的经济影响,而且还要考虑其对其他利益相关者的经济影响,全面分析，综合权衡。

（二）主观性与客观性

会计职业判断是一种主观见之于客观的经济管理活动。作为一种判断，本身就具有主观性。会计准则赋予了企业经营者与会计人员较大的选择权和判断空间，在比较、权衡、取舍的过程中，无疑在一定程度上掺杂着会计主体的主观臆断性。另一方面，会计职业判断又具有客观性。这是因为会计职业判断来源于会计实践并广泛存在于社会经济生活之中，其对象和依据都是客观的。会计准则和会计制度赋予企业以会计选择的自由空间，并不意味着会计主体可以没有约束，会计职业判断必须在准则、制度及相关法律法规所允许的范围内进行。会计职业判断是会计主体根据专业知识、执业技能对经济活动过程中涉及的事物或现象做出合乎理性的并非毫无理性根据的判断。因此，会计职业判断是客观性与主观性的统一。

（三）权衡性与动态性

会计职业判断过程中需要权衡不同利益主体的需求。企业是由一系列相关契约组成的一个整体，不同的利益主体将各自的资源投入企业，对企业有不同的利益诉求，其对会计信息的需求也各不相同。各利益主体总是对与自己有利的会计信息存在偏好，会通过影响企业的会计职业判断过程来实现自己利益的最大化。企业的管理当局出于各种压力也会考虑企业各利益关系人的要求，对会计职业判断的目的进行权衡，以满足不同利益主体的需要。所以，会计职业判断的过程也是不同的利益主体相互之间力量的博弈，最后达到均衡的过程。同时，会计职业判断的方法和结果并不是一成不变的。由于会计业务发生的外界环境在不断变化，会计处理原则、处理方法也不断完善，会计业务包含的经济内容也不断丰富。某一时点或时期做出的会计职业判断是合理、有效的，但随着时间的推移，社会环境的变化，企业生产经营活动的变化会造成原先的会计职业判断不再合理，需要重新做出会计职业判断。因此，会计职业判断是一个动态的过程，具有动态性。

（四）会计职业判断是"有规律的创造"

会计是一门艺术更是一门科学。艺术意味着可以创造，科学意味着有规律。会计职业判断就深刻地体现了这种"有规律的创造"❶。会计职业判断的这一特点造成了会计职业判断是一把"双刃剑"。职业判断是会计信息系统的基本程序，如果运用得当，则有助于反映经济业务的实质，有助于提高会计信息的有用性。特别是对上市公司而言，恰当、合理地运用会计职业判断，对于保证会计信息的相关性、可靠性和透明度，塑造良好的企业形象，促进企业的不断发展壮大，为利益相关者提供真实的会计信息，并使有限的社会资源得到合理的配置具有非常重要的意义。会计的这种职业判断远非详尽的会计准则所能替代，详尽的会计准则并不能提高会计信息的相关有用性。如果忽视会计专业判断的这种灵活性，结果就会适得其反，提供的会计信息就不能真实地反映企业的财务状况、经营成果和现金流量。同时会计职业判断如若被滥用，则会扭曲企业真实的财务状况和经营成果，为企业管理当局操纵利润、进行盈余管理提供了可能，进而降低会计信息质量，危及会计信息使用者的利益和资本市场的健康发展，影响社会资源配置的效率和效果。

四、会计职业判断的分类

首先，按判断问题的性质，我们将会计职业判断分为：结构化问题判断、半结构化问题判断和非结构化问题判断。结构化问题是指常规的、完全可重复的、有规律可循、能用形式化方法描述和求解的问题；非结构化问题是指独特的、无既定操作规律和确定方法，而只有一定指导原则的问题；半结构化问题则介于两者之间，是指有一定规律性但又不能完全用程序化方法解决的问题。对于这

---

❶ 徐玉德．会计职业判断绩效、影响因素及其校正．中央财经大学学报，2006，11：83．

三类问题,处理方法是不一样的。对于有既定规律可循的结构化问题,只需很少的专业判断,而且判断失误的可能性非常小。但对于无既定规律可循的非结构化问题,则需要较强的判断力和洞察力。对于半结构化问题而言,由于其尚有一定规律可循,在会计处理方面往往会有一些指南可供使用,但仍需要一定的专业判断。人们通常所指的会计职业判断能力主要是针对半结构化和非结构化的问题而言的。

其次,按判断对象的确定性程度,将会计职业判断分为确定性情况下的判断和不确定性情况下的判断。确定性情况下的判断针对的往往是交易或事项已经发生,事实比较清楚,对企业造成的财务影响可以准确确定的会计事项。而不确定性情况下的判断针对的主要是经济业务对企业造成的财务影响难以准确计量,或者经济业务本身在时间上会延续到未来的情形。不确定情况下的判断又可以根据不确定性程度的高低,我们可以把非确定性情况下的判断进一步细分为:低度不确定性事项的判断、中度不确定性事项的判断和高度不确定性事项的判断。经济业务的不确定性越高,对会计职业判断的要求也越高,失误风险越大。

再次,根据判断的层次不同,美国格兰特、柯林斯等人将会计职业判断的内容分为语义判断、应用判断与制度判断。其中,语义判断是指对相关基本问题字面意义上的判断;应用判断是指将现有会计标准应用于具体会计业务的判断;制度判断是指出现无法用原有标准解释的新状况时如何进行处理的判断。

此外,按照判断标准是否明确,会计职业判断可分为标准明确的判断和标准不明确的判断;按照判断思维的内在形式,会计职业判断可分为:逻辑判断、经验判断和直觉判断;按照判断的时间,会计职业判断可分为日常判断和定期判断。

第二节 会计职业判断存在原因分析——基于信任理论的视角

会计职业判断之所以存在有其客观原因与主观原因。其客观原因主要体现在两个方面：(1) 客观世界的不确定性。世界上充满了不确定性。正如美国前财政部长鲁宾所言："天下唯一确定的是不确定性。"从会计本身看，会计的不确定性分为外生性的不确定性和内生性的不确定性两种。外生性的不确定性是指会计信息系统之外的不确定性；内生性的不确定性是指会计作为一个信息系统，在信息加工过程中具有不确定性。伴随着社会经济的不断发展，企业间的竞争日趋激烈，经济环境变得日益复杂和多变，不确定性不断增加，从而进一步导致企业出现了一些具有不同程度的不确定性的经济业务，如销货款回收、未决诉讼、产品担保损失等。林斌（2000）把企业的不确定性经济业务分为三类：低度的不确定性业务、中度的不确定性业务和高度的不确定性业务，其中：低度不确定性业务是指那些已经发生，最终结果基本确定，但其金额需要估计才能确定的交易和事项；中度不确定性业务是指那些由过去的经济活动（交易、事项或情况）引起的，对企业财务报表的最终影响（收益或亏损）有待于未来事项发生或不发生才能证实的经济业务（主要是事项或情况）；高度的不确定性业务对会计信息不产生影响。由于经济环境的不确定性，就需要会计主体作出估计、选择、断定等判断活动。(2) 会计准则的不完善性。会计准则介于会计理论和会计实务之间，其目的在于对具体经济业务处理提供最直接的指导。会计准则是一种不完备合约，这种不完备性主要体现在以下几方面：会计方法的可选择性，针对同一会计事项，有时会提供多种不同的会计处理方法，由企业自行选择；某些标准的模糊性，在会计准则、制度中存在着大量的不确定性措辞，对于一些会计原则含义的论述同样是模糊的；规则制定的相对滞后性，会计规则的制订常落后于会计实践的发展和经济行为的创新,当新情况、新领域、新行业出现时,常会出现会计处理"无法可依"的现象,甚至出现将现有规则应用于这些原先未被考虑到的特定情况而发生错误的情形。这种情况下,只能依靠会计人员的职业判断来选择恰当的会计处理方法,以达到公允披露的目的。现实世界又是复杂多样的,且一直处于变动之中,同时各个企业、每个企业不同时期的经营状况都各不相同,会计准则不可能穷尽所有可能的现实,其具有的灵活性是经济世界的客观要求。但是,如果会计准则的弹性被过度使用而导致会计信息质量的损失超过采取统一会计准则所带来的信息损失,那么,准则制定机构就应该在统一性和灵活性之间进行权衡。因此,会计准则永远也不可能是完全的、完备的、完美的,由此而导致的会计职业判断也不可避免。

本书尝试从一种新的视角来探讨会计职业判断存在的理由,即借鉴经济学中的信任理论❶来说明会计职业判断存在的主观原因。

一、信任理论

市场经济是一种信任经济,每笔市场中的交易活动都包含有信任的成分。只要交易具有时间跨度,交易双方就必须有一定的信任,为市场跨期交易而签订的契约条款,就少不了契约双方基本的信任要求。否则,市场契约根本无法签订,即使签订了的契约也无法顺利履行。没有基本的信任关系,社会秩序将重返"霍布斯丛林"。信任能降低交易成本,减少不良的机会主义行为,降低正式契约的程度以及便利于争端的解决。

对于经济交往活动的功能而言,信任可以看做一种对交易效率的控制,信任度高的经济环境交易效率将大大提高。一方面,信任可以是指交易中一方对另一方完成特定行为可能性的一种相信或预

---

❶ 此处主要参考了刘建秋的博士论文:《会计诚信契约:理论构架与实现路径研究》(2006)。

期；另一方面，信任也可狭义地定义为对他人可靠性的一种估计或判断。交易主体之间信任机制的引入化解了无序市场的潜在风险，信任对于经济秩序的建立和人们交易效率的提高起到了非常重要的作用。因此，有人把信任定义为：信任是存在风险条件下对他人顾及自己行动的一种正面预期（Boom & Holnres，1991）。

信任的产生源于两个客观因素的存在：一个因素是风险，另一个因素是控制。作为一种社会资本的存在形式，其功能主要表现在信任关系对交易成本的节约和促进相互持续合作可能产生的收益。虽然信任在本质上是交易主体之间彼此的相信或预期，但这种相信或预期的内在缘由却千差万别。

研究信任理论的学者从不同的角度对信任进行了深入研究，特别是对信任的分类提出了诸多的观点。朱克（Zucker）（1986）将信任区分为基于信誉的信任、基于制度的信任和基于认同的信任。基于信誉的信任是指，一个人为了长远利益而自愿选择放弃眼前骗人的机会；基于制度的信任表现为既定的制度安排使一个理性经济人选择守信符合他的个人利益，这里包含了他对自己利益的计算，或者别人相信在技术上只有这种选择，从而相信你；基于认同的信任指具有共同偏好和利益的人之间的信任。萨克（Sako）（1992）提出的一种分类方法，将信任分为契约型信任（contractual trust），能力型信任（competence trust）和善意型信任（good will trust）。契约型信任是一种依赖于契约基础的信任关系，契约条款规定了双方的契约利益和行为边界，使双方预期的准确性建立在契约条款的保障之上，契约条款越明晰，契约强制力越大，越能深化当事人的预期，也就越能形成稳定的信任关系。能力型信任是指一方具有按照对方要求和预期完成某一行动的能力。病人信任医生，是因为医生具有医治病人的专业知识和能力。善意型信任是指交易双方出于善意对他人授予信任，这里的善意包括共同的信仰、友谊、同情等情感因素。我国著名学者张维迎（2003）把信任分为基于个性特质的信任、基于制度的信任和基于信誉的信任三种❶。他认为基于个性特征的信任是指由于先天的因素或后天的关系决定的信任。比如一个人天生就值得信赖，或建立在血缘关系上的信任等。基于制度的信任，就是说在给定的制度下你不得不按照别人的预期那样做，否则就会受到更大的惩罚，或者技术上你没有可能不那样做，所以别人信任你，由法律维系的信任是一种典型的基于制度的信任。基于信誉的信任，是指一个人为了长远的利益而自愿地选择放弃眼前骗人的机会。

二、基于信任理论的会计职业判断存在原因解释

企业是一组契约关系的联结，企业内部契约安排按其性质的不同，可以分为要素使用权交易契约和会计契约两部分，要素使用权交易契约规定企业内部生产要素的组织结构和企业所有权安排方式，并最终决定企业剩余索取权的分享状态，会计契约则决定企业剩余的计量方式。现实中的契约都是不完全的，要素使用权交易契约的不完全性主要表现在企业经营者对企业剩余索取权的分享，会计契约的不完全性表现在经营者拥有剩余的会计规则制定权。经营者既享有剩余索取权又控制剩余计量的会计执行权，企业其他契约主体必定会担心自己在企业中的契约利益会因会计契约的不完全而受到损害，从而影响其签订企业契约的积极性，而在现实中各方参与企业组织时，并没有人会对会计契约的不完全性而对其利益的可能损害给予足够的关注，这一理论与实际中的矛盾称之为"不完全契约的企业签约悖论"。对这一理论与现实相互矛盾的企业签约悖论解读，引出了会计诚信契约。会计诚信契约是由企业物质要素所有者与经营者之间签订的关于会计执行的一份隐含契约。正是会计诚信弥补了不完全显性会计契约的天然缺陷，才大大提高了企业契约交易的效率。会计职业判断的选择权则是会计契约的有机组成

---

❶ 张维迎. 信息、信任与法律. 北京：三联书店，2003：9-14.

部分。

会计职业判断的选择权之所以被赋予了企业经营者与会计人员，其实质就是信任问题。根据上文的阐述，我们可以把与会计职业判断有关的信任分为三种：基于能力的信任、基于制度的信任和基于信誉的信任。

基于能力的信任，会计职业判断权被赋予了经营者与会计人员。这是因为人们相信经营者与会计人员具有相应的专业知识与经验，有能力根据理财环境和自身特点作出恰当的判断，公允地反映企业的财务状况与经营成果，实现企业价值最大化。

基于制度的信任，可以合理保证会计职业判断的恰当行使。首先，政府部门的监管与法律诉讼可以对滥用会计职业判断的行为进行惩治，加大违规的成本，在会计标准执行中起到巨大的威慑力量；其次，注册会计师的审计制度是一道有效的防火墙，作为"经济警察"的注册会计师站在独立、客观、公正的立场上对会计职业判断进行再判断，过滤掉不合法、不公允的会计信息，保证了会计信息的质量；再次，会计准则的不断修订与完善，也有效地制约了会计职业判断的运用，如果出现大量滥用会计职业判断造成会计信息失真的情况出现，准则制定部门就会及时调整准则，纠正偏差，加强防范。

基于信誉的信任，是职业判断人员为了长远利益而自愿放弃眼前骗人的机会。有效的声誉机制的存在，会使经营者与会计人员权衡失信的收益与成本，当失信成本超过失信收益时，就会自愿遵守会计准则的规定，合理运用会计职业判断，从而达到一种"双赢"的结局。

如果拒绝赋予企业经营者与会计人员以会计职业判断的选择权，则势必大幅增加交易成本，使得执行成本变得极其昂贵，而获得的会计信息却未必是高质量的，反而会得不偿失。因此，企业的利益相关者从自身的利益出发，基于对能力、制度、信誉的信任，通过会计契约就把会计职业判断权赋予了企业经营者与会计人员。

这就构成了会计职业判断存在的主观原因。

第三节 会计职业判断的构成要素

会计职业判断的构成要素可以分为主体与客体、目的与原则、依据与方法等项内容。

一、会计职业判断的主体与客体

（一）会计职业判断的主体

会计职业判断主体是指有资格和能力进行会计职业判断的人员。会计职业判断主体是进行会计职业判断活动的主导者，是会计职业判断各要素中最积极、最活跃的因素，一切具体的判断行为都必须由主体来实际执行，他们的素质高低直接影响着会计职业判断的质量。本书从广义的角度研究会计职业判断，职业判断的主体包括会计人员和经营者两部分。

1. 会计人员

绝大多数的会计职业判断行为都是由会计人员实际执行的，即使某些由经营者作出的判断一般也是首先由会计人员提出判断建议，然后由经营者作出判断与选择，而最终将判断结果落实到会计凭证、账簿、报告中的具体实施者也是会计人员。所以，会计人员是影响会计职业判断最为直接的因素。我们这里所指的会计人员是指具有一定的会计专业知识、经验和技能，并符合法定任职资格，适度独立地从事企业会计工作的人员。在我国，会计人员除了必须要有良好的业务素质，还应取得会计从业资格证书。此外，会计人员应当具有较强的法制观念和职业道德，受法规制度和职业纪律的约束。因此，笔者特别强调的是会计人员的适度独立性。会计人员是在经营者的领导下从事会计工作的，属于企业中的生产者，其会计工作受到经营者的监督，其工资薪酬、升职晋升等都由经营者决定。会计人员的职业判断不可避免受到经营者的监督，因而必然受到经营者的影响。因此,会计人员在企业会计工作中只具有一定程度的独立性。会计人员的判断与注册会计师的审计判断相比,其最重要的差别之一就是独立性不同。独立性是注册会计师审计的灵魂,注册会计师要具有实质上的独立性和形式上的独立性。注册会计师的职业判断应当站在独立、客观、公正的立场上进行,要保持一种超然独立的姿态,以体现其"经济警察"的身份与作用。

2. 经营者

经营者是指在企业中负责组织生产经营活动并对经营结果负责的人员❶。经营者一般是指企业管理当局,具体来说就是企业的总经理(或CEO)与董事会及其成员。经营者负责组织企业的生产经营活动,当然也包括会计工作,并须对会计工作的结果负责。经营者在企业中主要负责经营决策,在会计工作中主要负责会计管理、会计政策的制定与选择。具体到会计职业判断,经营者主要负责重要会计政策的选择与重大会计估计的确定。经营者要从企业整体角度出发,权衡企业利益相关者的利害关系,努力作出最佳判断,以期实现企业价值最大化。

(二)会计职业判断客体

会计职业判断客体是指会计主体进行会计职业判断活动所指向的对象。由于会计职业判断是在会计业务处理过程中进行的,因此,会计事项和财务会计报告即为会计职业判断的客体。会计事项是指企业、事业和其他单位在正常的生产经营活动和其他活动中发生的,对财务报表要素造成影响,需由会计部门进行处理的经济业务。会计事项具体又可分为交易(transactions)、其他事项(events)和情况(circumstances)。❷ 交易是指单位与其他单位和个人之间发生的各种经济利益的交换,如产品销售与材料购买;事项是

---

❶ 吴联生(2001)指出,企业中的人力资本所有者可以分为两类:一类是负责经营决策的人力资本所有者(简称为"经营者"),另一类是负责执行决策的人力资本所有者(简称为"生产者")。

❷ 许燕. 会计职业判断. 天津大学博士论文, 2004.

指在单位内部发生的具有经济影响的各类非交易会计事项，包括内部资产转移和会计账项调整等；情况是指具有重大经济影响的，可以影响相关事件发生的情况。财务会计报告是定期反映企业财务状况、经营成果、现金流量等的书面报告文件。在财务会计报告中，哪些事项需要披露，哪些事项不需要披露，需要披露时如何披露，等等，都属于会计职业判断的对象。企业的会计事项种类繁多、复杂多样，相应地，涉及的会计职业判断也会不同。总体来看，会计职业判断包括的内容相当广泛，不仅仅局限于通常提到的会计原则的选择与协调、会计政策的选择和会计估计方面，而是贯穿于会计工作的全过程，涉及会计确认、计量、记录、报告各个环节。既包括简单事项的判断，如识别会计凭证的真实性、合法性、完整性，也包括复杂事项的判断，如复杂的企业合并及合并财务报告的业务处理。会计事项的特点不同，对会计职业判断的要求也不同。

从判断的结果看，对会计事项和财务会计报告的判断主要表现为断定、估计和选择三种形式。断定主要是根据有关证据或事实，判断某些交易或事项是否符合有关会计要素的定义或是否符合规定的条件。断定与会计确认密切相关。估计主要是利用最新信息对具有结果不确定性的交易或事项作出判断，包括其发生与否、对当前财务状况的可能影响及其影响的金额等。选择主要是当对同一经济事项可以采用多种会计处理方法时，根据本企业的具体情况选择最适合的处理方法。

二、会计职业判断的目标与原则

（一）会计职业判断的目标

会计职业判断是会计工作的重要组成部分，是会计主体在会计标准、会计原则的指导下生成符合会计目标的会计信息的一种必要的手段。因此，会计职业判断的目标必然要服从于会计目标。而会计目标一般是指财务报告的目标。关于财务报告的目标目前主要有两种观点："决策有用观"和"受托责任观"。无论哪一种观点，都需要会计信息系统提供高质量的决策有用的信息。因此，会计职业判断的最终目标也是通过合理有效的职业判断生成高质量的决策有用的信息。根据美国FASB"财务会计概念公告"第二辑《会计信息质量特征》中的表述，高质量的决策有用信息主要有以下几个方面的特征：相关性（包括预测价值、反馈价值与及时性）、可靠性（反映真实性、可验证性与中立性）、可理解性、可比性。而会计职业判断所要求的会计信息质量特征主要是相关性与可靠性。由于会计职业判断是一种主观见之于客观的活动，是一种"有规律的创造"，因此，我们必须进一步根据会计职业判断的特征来分析。会计职业判断本身是一种主观性的活动，不可能做到绝对准确，所以，公允就成了会计职业判断的一项重要质量特征。而这种主观性的"创造"活动又必须受制于会计准则等法律规范，不能随心所欲、任意判断，因此，合规性也成了会计职业判断的一项重要质量特征。所以，概括起来，笔者认为会计职业判断的直接目标是提供合规、公允的会计信息。

（二）会计职业判断的原则

1. 以遵守职业道德为前提

会计职业的专业性很强，它融技术方法和专业理念于一体。在会计信息的生成过程中，会计职业判断始终伴随着道德因素，面临着可靠性与相关性、稳定性与适用性、利益驱动与公允揭示等观念和立场的矛盾与斗争。近些年来，一些上市公司基于利益驱动，滥用会计政策选择进行盈余操纵的现象十分严重，损害了会计职业在公众心目中的形象。因此，会计职业判断要求会计人员必须恪守职业道德，公允揭示企业的财务状况、经营成果和现金流量。

2. 以会计规范为依据

企业经营者和会计人员选择会计政策、进行职业判断，必须严格遵循《会计法》、《企业会计准则》和相关会计制度的规定。守法经营是企业作为法人赖以生存的基本前提，也是会计职业判断的法律依据和底线。会计职业判断只能在会计准则和相关的会计制度允许的范围内进行，否则就是违法的，必须承担相应的法律责任。

3. 以公允反映为准绳

财务会计的目标主要在于为企业外部利益相关者提供决策有用的信息，这些信息应当是真实而公允的。随着企业所有权与经营权的分离，企业所有者通常无法直接参与企业的经营管理，"经理控制型"的企业明显增多，甚至成为现代企业决策类型的主流。这就要求会计信息必须公允地反映和揭示企业的财务状况、经营成果和现金流动情况。因而，公允性是评价会计职业判断合理与否的最终标准。

4. 以适用性为指导

会计职业判断总是在特定的环境下进行的，具有一定的适用性。会计职业判断的适用性是完成企业目标、贯彻经营思想、确保企业会计政策得到很好贯彻的重要保证。企业要本着务实、谨慎的精神，正确评估企业自身所面临的商业环境，对具体会计政策的判断和选择，要考虑行业特点、企业组织形式、生产经营规模、理财环境、内部管理、财务状况、经营业绩和现金流量等诸多因素；当企业生产经营状况和理财环境发生变化时，应及时对会计政策做出重新选择，以确保会计政策的环境适用性。

5. 以合理性为条件

当出现新的经济事项，或是会计标准无法解释的例外事项的时候，会计职业判断往往显得更为重要，但也更容易出现恶意判断。这时就必须以会计理论、一般会计原则为指导。由于会计标准具有相对稳定性和滞后性，必然会出现一些超越会计标准范围的会计实务和会计现象，这些超越标准的会计实务和会计现象的处理，只能以会计理论和一般会计原则为指导进行合理的判断。

6. 以成本效益为限制

会计信息也是一种商品，提供和使用会计信息需要花费成本，只有当会计信息所能带来的效益高于成本时，才值得提供。会计信息的成本包括收集、整理、编制报表、查核鉴证、分析及解释所花费的代价等。因此，在基本的会计信息质量得到保证的基础上，应选择便于理解和实施的会计政策，并尽可能地降低操作成本。在操作成本大致相等时，应优先选择能使提供的会计信息更相关和可靠的会计政策。

7. 以独立、谨慎为立场

会计主体进行职业判断时应保持相对的独立性，不要盲目依从上级领导的态度和意见而放弃了自己应有的职业判断立场与责任，排除盲从心理。在判断过程中要以事实为依据，不能受个人情绪的影响，不要受过去的判断方法和结果的束缚，以发展变化的观点对待会计职业判断。会计职业判断是有风险的，判断失误不仅对企业经营管理造成不利影响和损失，还可能会影响会计信息的质量，从而误导信息使用者的决策。因此，会计主体在进行判断时，须保持应有的职业谨慎态度，尽量规避或减少判断失误带来的不利影响。

三、会计职业判断的依据与方法

（一）会计职业判断的依据

任何判断的作出都需要有一定的依据，从一定程度上说，任何判断都是在与特定标准比较后得出的。会计职业判断依据就是会计人员在判断过程中用以衡量判断任务的尺度或准绳。选择和确定恰当的依据非常重要，选择失当就可能导致判断的失误。

会计职业判断的依据主要由会计法规、会计理论、会计惯例等组成，其中会计法规是会计判断依据的主体。我们可以按照会计判断依据的发行主体和权威性不同，将会计职业判断依据分为权威性依据和非权威性依据。

权威性依据主要指会计法规，它包括会计法律、会计行政法规、部门规章、地方性法规，这其中会计准则与会计制度是会计职业判断的核心依据，也是直接依据。我国的会计职业判断权威性依据主要包括《会计法》、《企业财务会计报告条例》、《企业会计准则2006》、《企业会计制度》、《金融企业会计制度》、《小企业会计制度》等。此外，权威性依据还包括会计标准制定机构针对会计标准及实务中出现的问题制定和实施的实施指南、问题解答及行业实务等，也包括对有关会计理论、一般会计原则应用的有关解释和对特殊交易、事项的公告。

非权威性依据主要包括会计理论、会计惯例及行业团体、职业组织和企业内部会计机构制定的会计规定、办法、意见等。会计理论是在实践的基础上产生的，并最终用于指导实践。会计技术规范的制定需要有相关理论做指导，而要正确理解这些规范，准确运用规范，或在有关规范尚未确立时进行正确的会计处理，同样离不开理论的指导。在会计职业判断中，最常用作参考和指导的理论标准当属财务会计概念框架❶。行业惯例是指与行业的特殊背景有关的、在行业内通行的做法。但行业惯例并不是独立的会计职业判断标准，它往往是在会计法规允许的范围内作出的符合某个行业特点的选择，在行业内取得了共识，因而可以作为会计人员进行判断的参考。其他的非权威性依据主要来源于：（1）行业团体根据其行业特点以及职业组织根据其职业特性制定的，仅限适用于行业内部的规定和办法；（2）会计组织机构健全的大型企业根据企业的实际情况制定的内部会计核算办法、会计判断程序；（3）大型会计公司针对其客户制定的解释和办法；学术界对某些热点问题的探讨和成果；等等。非权威性依据是权威性依据的有益补充。当然，非权威性依据是不具有普遍适用性和约束力的，它是在权威性依据的前提下的一种执行性延伸，约束的客体具有定向性，仅在相应的范围内具有民间影响。

（二）会计职业判断的方法

会计职业判断是通过一定的方法来实现的，其判断方法在会计职业判断过程中起着十分重要的作用。会计职业判断的方法主

---

❶ 我国企业会计准则中的基本准则就类似于国外的财务会计概念框架，但在我国属于会计准则的范畴，是以部长令的形式发布的。

要有：

（1）直觉判断法。直觉判断法是会计人员运用已有的相关知识组块对当前的判断事项做出分析和推论。直觉判断是建立在经验的基础上的。一般认为，这一方法是一种能够直接把握事物整体的方法，是进行会计判断广泛应用的有效方法。运用直觉判断法需要会计人员积累丰富的实践经验。

（2）比较分析法。比较分析法是会计职业判断中应用广泛的方法，按其比较内容的不同，可以分为：与既定标准相比较，将经济业务的相关实际情况与这些规定相比较，确定判断对象与判断标准相符合的程度，从而判断交易的性质，做出恰当的会计处理；与同类事项相比较，即把需要判断的事项同以往遇到的类似的判断事项进行对比，从而做出判断；不同方案进行比较，当判断在多种方案间进行选择时，就需要按照一定的标准对不同方案进行比较，衡量其各自的优劣，以优选最佳方案。

（3）逻辑推理法。在判断中最常用的逻辑推理形式有两种：归纳法和演绎法。其中，演绎法在会计职业判断中的应用非常广泛，主要体现在以下两方面。第一，在没有以法规形式存在的明确标准的情况下，会计人员只能根据相应的会计理论框架，或以往积累的经验，即一般原理，推导出恰当的会计处理方法。第二，即使是在有明确的法规标准的情况下，会计人员也需要从相应的规则（即一般原理）出发，推导出适用于特定具体情况的处理方法。

（4）概率统计法。面对许多不在确定的会计事项，需要运用概率论和数理统计的方法来处理。概率有客观概率和主观概率之分，我们常常运用主观概率来进行判断和决策的。概率法在会计职业判断中具有重要的作用，它可以将人们无法用定性方法解决的不确定性问题，通过概率统计学中的期望等指标加以量化进行判断。例如，在或有负债确认金额的判断中，就用到了期望值法。

（5）专家判断法。在职业判断中，最恰当的标准是正确性，但在很多情况下正确性是很难衡量的，因此，需要一个替代标准。专家判断的结果往往被作为替代标准。专家在职业判断中具有重要作用，它是确保职业判断质量的有效方法，特别是在非结构化的任务中专家的判断的优势更为明显。在会计职业判断中运用专家可以有两种方式：一是请专家对会计判断结果进行复核；二是请专家对重大而又难于做出判断的问题做出判断。

（6）模糊综合评判法。综合评判就是对受到多个因素制约的事物或对象做出一个总的评价。由于从多方面对事物进行评价难免带有模糊性和主观性，采用模糊数学的方法进行综合评判，将使评判的结果尽量客观，从而取得更好的效果。模糊综合评判法是将决策总体有关的元素分解成目标、准则、方案等层次，在此基础之上进行定性和定量分析的决策方法。这种方法的特点是在对复杂决策问题的本质、影响因素及其内在关系等进行深入分析的基础上，利用较少的定量信息使决策的思维过程数学化，从而为多目标、多准则或无结构特性的复杂决策问题提供简便的决策方法。尤其适合于对判断结果难于直接准确计量的场合。模糊综合评判法的步骤如下：①通过对系统的深刻认识，确定该系统的总目标，弄清规划决策所涉及的范围、所要采取的措施方案和政策、实现目标的准则、策略和各种约束条件等，广泛地收集信息；②建立一个多层次的递阶结构，按目标的不同、实现功能的差异，将系统分为几个等级层次；③确定以上递阶结构中相邻层次元素间相关程度。通过构造两两比较判断矩阵及矩阵运算的数学方法，确定对于上一层次的某个元素而言，本层次中与其相关元素的重要性排序——相对权值；④计算各层元素对系统目标的合成权重，进行总排序，以确定递阶结构图中最底层各个元素的总目标中的重要程度；⑤根据分析计算结果，考虑相应的决策。

第四节 会计人员的职业判断分析

一、会计人员的管理体制与立场选择

研究会计人员的职业判断，我们首先要解决的是会计人员的角色定位与立场选择问题。会计人员的角色定位又与会计人员的管理体制紧密相连。

（一）会计人员的管理体制的简要评析

目前，理论界研究成果表明，会计人员的管理体制可以分为三类：会计人员派出制、会计人员回归企业论、会计人员独立论❶。会计人员派出制，即会计委派制，是在占有国有资产的单位中由国家所有者向单位统一委派会计人员，并由委派部门对其统一管理的会计管理制度。会计委派制虽然取得了一定的积极成果，但也存在一系列难以处理的难题，如法规悖论、目标互斥、激励缺损等，而且其适用范围受限。会计回归企业论认为，在现代企业制度下，所有权与经营权分离，经营者拥有完整的经营管理权，而理财权无疑是经营管理权的重要组成部分，只有会计回归企业才能保证企业独立的市场主体、经营主体的地位。会计人员独立论是一种会计人员管理体制的社会化、会计人员独立管理化的观点，即政府立法管理和行业自我管理相结合的会计人员管理模式，政府只负责会计的立法管理，由会计职业组织负责具体的管理活动，实行会计人员管理的社会化。

根据企业契约理论，企业是一系列契约的集合体。企业契约中存在多重委托代理关系，如股东会与董事会之间的信任托管关系，董事会与经理人之间的委托代理关系，经理人与会计人员的

---

❶ 林钟高，章铁生著．公司治理与公司会计．北京：经济管理出版社，2003：80－88．

委托代理关系。在这一系列代理关系中，只有经理人员和会计人员之间不触及产权关系，无需界定其间的产权边界，其根本利益是一致的，因此，会计人员应站在企业立场上为企业的经营管理服务。

（二）会计人员职业判断的立场选择

会计人员回归企业，为企业的经营管理服务，但这并不意味着会计人员必然应完全站在企业管理当局的立场上作出职业判断。会计人员在做出职业判断时可以有多种的立场选择。在进行职业判断时，会计人员可能选择的立场有：（1）经营者立场。持这种观点的人认为，会计人员应定位于企业内部，会计职业判断就应该立足经营者的利益，将按照经营者的利益优先于其他利益相关者的原则作出判断。（2）所有者立场。持这种观点的人认为，从会计的受托责任来说，会计人员的职业判断应服务于委托人——所有者的需要，从委托人的利益出发，会计职业判断将对所有者负责。（3）双重主体立场。此种观点认为，会计人员进行职业判断时，既要考虑企业内部经营者利益，又要考虑外部委托人的利益，应该在综合权衡他们之间利益关系的基础上，作出选择。（4）国家立场。持这种观点的人认为，会计（特别是国有企业的会计）是国家机关派出人员，会计人员首先应站在国家利益的高度，进行会计政策选择，做出职业判断时应重点考虑国家利益。（5）利益相关者立场。该种观点认为，会计人员做出的职业判断应综合考虑各利益相关者的利益，妥善处理各方关系，职业判断过程就是会计人员对所有各方的利益关系进行协调的过程。

现代企业理论认为，企业本质上是由各利益相关者所构成的"契约联合体"。这就意味着企业要为各利益相关者服务，而不仅仅是为某单一主体服务，每个利益相关者都有平等权利要求分享企业的利益。因此，从理论上讲会计人员选择利益相关者立场进行职业判断是最佳选择。但笔者认为，利益相关者立场也存在缺陷，这是因为利益相关者的利益存在差异，甚至是对立和矛盾的，如何协调众多利益方的利益,在考虑问题时给予各方多大的权重,会计人员往往在判断时无所适从,很难作出选择。

会计人员究竟采用何种立场与企业制度和契约关系有着密切联系。企业会计控制权掌握在经营者手中,会计人员的职业判断的利益倾向自然偏重于经营者利益观。如果会计控制权掌握在外部所有者手中,会计人员的职业判断一般就不会倾向于内部委托人的利益。从我国的现实情况分析,会计人员的职业判断行为,最有可能采取的经营者立场,在职业判断中一般会选择了有利于经营者而可能不利于其他"契约人"的行为。这种与经营者保持一致的选择,主要原因在于会计人员地位的不独立性。会计人的工资福利等物质利益、非物质利益都由管理当局所控制和掌握,而这些物质利益、非物质利益是会计个体生存、发展所必须的基础。因此,在"契约组合"中,会计人往往从利己主义动机出发,选择有利于经营者的会计政策,不恰当地行使会计职业判断行为。这就难以保持其客观、公正、独立的职业精神。

二、会计人员的职业判断行为分析

会计作为专门生产、传递会计信息,反映受托责任履行情况,服务于会计信息使用者做出相关经济决策的会计实践活动,自然也是人类一种特有的行为。会计实质上是一个行为过程。会计人员的职业判断是会计人员实施的一项会计行为。从行为角度研究职业判断,有助于揭示影响职业判断的因素,从而为优化会计职业判断、提高职业判断质量提出有益的建议。

(一)会计行为的一般理论

1. 会计行为的概念

会计行为是行为会计内容的一个重要组成部分,它是会计行为主体在其内部动因驱动和外在环境刺激下,按照会计行为目标的要求,遵循一定的行为规则,利用会计这门学科所特有的理论方法、手段,对会计主体因其经济活动而引发的交易、事项和情况,即会计事项进行处理，形成会计信息并传递给其使用者的一种实践活动。[1] 会计行为具有以下基本特征：（1）主体性。即会计行为是有其主体所开展的有目的实践活动。主体是行为的发出者，在行为系统中处于主导和支配地位，不同的主体具有不同的目的、不同形式的行为，主体的性质决定了行为的性质。（2）目的性。会计行为主体的动机、目的就是会计行为的根本动因。（3）技术性。因为会计是一门应用性很强的学科，其技术特点主要体现在会计的技术、程序、方法选择和应用上。

2. 会计行为的要素结构

会计行为一般包括会计行为主体、会计行为客体、会计行为动因、会计行为规范、会计行为优化等。

（1）会计行为主体。会计行为主体就是会计行为的实施者，在行为系统中处于主导和支配地位，不同的主体具有不同的目的、不同形式的行为。研究会计行为，首先必须研究会计行为主体。会计行为主体可以分为三个层次，第一个层次的会计行为主体是企业管理当局（经营者）。会计是企业重要的内部管理活动之一，既然是企业管理活动，就必须接受企业管理当局的直接领导，否则，就无法有效地发挥会计的管理职能。企业管理当局虽不直接进行具体会计行为，但会计人员是由其控制，甚至操纵的，他们对会计的行为负领导和直接责任。第二个层次是会计行为群体，即会计行为组织，是由会计人员所构成的组织，负责组织实施会计行为。会计组织机构的目的在于协调一致地完成单位的会计任务。第三个层次是会计人员。会计人员是指那些具有一定的会计专业知识和技能，具有会计行为能力，并获得权威机构认可，直接参与社会实践活动，能独立或与他人协作从事会计业务活动的会计人员。会计人员是一切具体会计行为的实际执行者。本书研究会计职业判断的行为主体，实质上包括会计人员、经营者与会计行为组织，但本书主要分

---

[1] 王开田. 会计行为论. 上海财经大学出版社，1999：28–30.

析作为会计行为主体重要组成部分的会计个体——经营者与会计人员的行为。

（2）会计行为客体。会计行为作为会计主体有目的、有指向的会计实践活动，其客体应为会计行为主体实施会计行为的对象，也就是会计行为主体进行确认、计量、记录和报告的客观事物，具体来说，就是指需要会计主体作出处理的会计事项。

（3）会计行为动因。会计行为动因就是会计人员开展会计行为的动力和原因，它一般包括会计人的需求与会计行为动机。会计人的需求引发、激活会计行为动机。需求是人类开展各种行为的本源，开展各种行为，目的是为了满足其各种需求。有什么样的需求，就产生什么样的动机。行为动机影响制约会计行为。会计行为动机是指会计人员采取会计行为或进行会计活动的原因，是指引起会计行为，维持该会计行为，并将此行为导向某一会计目标的过程。会计行为动机是会计行为的内部动力，引发和强化会计行为。

（4）会计行为规范。会计行为规范是指约束会计行为的标准与典范。依据规范的强制性程度和力量来源，一般可分为对会计行为的法律规范和职业道德规范两个层次。前者以法律的形式加以规范，强制性、权威性较强，是来自于会计人之外的外在规范，具有外化性和他律性；而后者则以良心、良知的形式加以规范，具有内在性和自律性。这两者构成了会计行为规范的基本内容。

（5）会计行为优化。优化一般是指采取一定措施，使某一项事物变得优秀。会计行为的优化则是指会计行为主体在优化会计行为观念的指导下，遵循会计行为规范的要求，采取优化的手段和优化的组织结构，以尽可能小的行为投入和耗费，生产出数量尽可能充分、质量尽可能高的会计信息。其实质是会计行为合法、合理、合情化。

（二）会计人员职业判断行为动因分析

借鉴会计行为动因的一般理论，结合会计职业判断所具有的特点,笔者绘制出会计职业判断行为动因的结构图,见图 2-1❶。

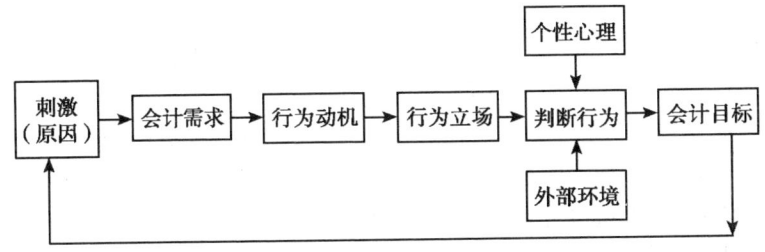

图 2-1 会计职业判断行为动因

1. 会计人员的需求

分析会计人员行为,首先需要分析会计人员的需求,因为人的行为是受其需求基础上产生的动机的驱使和影响的。在人的行为过程中,需求具有原动力作用。由需求引起动机,动机支配行为并指向预定目标,是人类行为的一般模式。长期以来社会心理学家们做了大量的研究,形成了许多需求理论。其中影响较大的是马斯洛的需求层次论。他将人的需求从低级向高级依次分为生理需求、安全需求、对所属和爱情的需求、尊重被认可的需求和自我实现的需求。会计人员作为职业者,也具有人类需求的共性。然而依照需求的性质、特点,决定了会计人员的需求除具有人类需求的共性之外,还应具有一定的特殊性。会计人员的需求主要表现在以下几个方面:

(1) 工作报酬需求。会计人员的工作报酬是会计人员的最基本的需求,也是其他各种职业需求的必然结果。工作报酬分为有形报酬和无形报酬。有形报酬指货币化报酬,例如,会计人员的衣、食、住、行的"生理需求",而这些都必须来自会计人员的货币化薪酬需求的满足。无形报酬指会计人员职称、职务的晋升,社会地位、名誉提高和受重视的需求以及其他精神奖励等需求。

---

❶ 参考吕博,论会计行为动机,会计之友,2000.11,整理绘出。

（2）工作环境需求。会计人员拥有了一定的会计职业技术和行为能力后，就有选择适合于自我发展的工作环境的需求。会计工作环境是指会计行为场所各种要素的有机组合。就企业会计人员来说，他们所选择的工作环境一般包括硬环境和软环境。硬环境主要有企业规模、办公设备现代化程度、福利待遇、人员配备、会计机构设置以及经济效益等；软环境包括企业知名度、企业形象、管理者的领导艺术和偏好、业务分工和人际关系、人才实力和管理水平、办事效率等。会计人员在工作选择时往往倾向于与自身价值观相一致并能充分发挥自己潜能的企业和组织。

（3）专业技术需求。由于会计工作具有很强的技术性和专业性，会计人员内在的有一种对专业技术精益求精的求知欲望。只有不断更新知识、提高技术水平，才能更好地适应工作需要，满足变化多端、纷繁复杂的经济活动的要求。会计人员的专业技术需求满足程度、水平高低，将直接影响会计人员的其他需求的满足程度。

（4）事业成就需求。会计人员在基本的生存、安全、归属需求得到满足后，总要谋求更高层次需求——获得尊重和自我价值实现的满足。而这往往表现为事业成就感。这种事业成就感来源于职业贡献。每个会计人员都有向其所服务的对象作出贡献并获得认可、尊重的愿望，以证明自己的能力和存在价值。凡有职业贡献需求的人，往往职业道德水准较高，能全心全意地投入工作，比较容易获得职业成就感。职业贡献不仅体现了自我价值的实现，而且还体现了会计人员的责任感、良心等道德的要求。

2. 会计人员判断行为的一般动机

会计人员行为的动机是会计人员开展会计活动的内部驱动力，它是引发、指导、维持会计人员行为的力量源泉。会计人员有什么样的需求，就必然有什么样的行为动机。不同的会计人员行为动机会提供不同的会计信息，而不同的会计信息对不同的信息使用者具有不同的效用，因而会计人员行为动机不仅是会计人员个人的偏好、个人利益的问题，而且是一个涉及到相关者利益的社会问题。

会计人员判断行为的一般动机主要有三种:

(1) 获得经济利益的动机。会计人追逐经济利益的动机,是会计人对会计职业报酬需求的主要目标。在商品经济社会中,追逐经济利益的动机主要表现在货币收入量和福利待遇上。货币收入量主要表现为其在企业中获得的工薪、奖金等,而福利待遇主要体现在住房、劳动保险、社会保险等方面。经济利益动机的满足主要取决于两个因素:一是企业的经济效益;二是管理当局对会计人的重视程度。在现实生活中,企业所有者的利益与管理当局的利益不相一致时,会计人可能会屈从于管理当局,甚至主动合谋,在做出会计职业判断时,倾向于管理当局利益而忽视企业所有者的利益。

(2) 追逐地位名誉的动机。即会计人员追求职称、职务的晋升,社会地位、名誉提高和其他精神奖励等的动机。会计人员这一动机的实现,需要得到管理当局的认可与肯定。由于会计人员地位不独立,依附于管理当局,因而会计人员在做出判断与选择时,一般都会倾向于管理当局的利益,选择有利于管理当局从而有利于自身的行为。

(3) 实现自我价值的动机。追求自我价值实现的动机,是一种高尚的、美好的动机,是会计人的最高追求。它要求遵循有关会计法规、职业道德规范的要求,独立公正地进行会计判断,客观公允地反映受托责任。会计人在职业判断中自我价值实现的动机,难免与管理当局的某些不良动机冲突。在这种冲突中,一方面要看会计人员是否具有良好的职业道德、敢于坚持原则,另一方面,要看公司治理结构是否健全、内部控制机制是否完善、管理当局是否诚信。

在不同的时期,企业面临着不同的监管环境和外界压力下,涉及不同的判断项目时,会计人员作出职业判断又有其具体的动机,如自我保护、节税避税等内容。

3. 会计职业判断行为的立场

会计行为动机是影响会计职业判断行为的本源,是隐藏在会计行为背后的。在研究会计职业判断行为时,我们更加关注会计人员站在谁的立场角度进行职业判断,这对于职业判断有着重要的影响。会计职业判断的立场主要受到会计行为动机的影响。如果会计人员主要从实现追逐经济利益和地位与荣誉的动机出发,由于这两种动机的实现,主要取决于管理当局,因此,会计人员在进行职业判断时就会从管理当局的立场出发,采取有利于管理当局的会计政策与方法。如果会计人员从实现自我价值的角度出发,就会更多地考虑外部有关利害关系人的利益,独立客观地实施会计职业判断行为。如前文所述,会计人员究竟采用何种立场还与企业制度和契约关系有着密切联系。从我国的现实情况分析,会计人员的职业判断行为,最有可能采取管理当局立场,在职业判断中一般会选择有利于管理当局而可能不利于其他利益相关者的行为。

(三)影响会计职业判断的个体心理因素分析

对于影响人类行为的因素探究,许多心理学家、社会心理学家和生物学家都作了不懈的努力,试图揭示隐藏在人类复杂行为背后的客观规律。美国著名的社会心理学家、行为学家库尔特·勒温(Kurt Lewin),在大量实验研究的基础上,提出了著名的人类行为公式[1]:

$$B = F(P,E)$$

式中:B——behavior,表示个人的行为;

P——personal,表示个人的内在条件和内在特征,即个体的心理因素;

E——environment,表示个体所处的外界环境。

其中,P是指个体的特征因素,包括众多构成因素,如情感与情绪、态度、性格、气质等;E即人类所处的外部环境,由众多环境因素所构成,如社会环境、自然环境等。该模型表明,人类行为

---

[1] 薛求知,黄佩燕等.行为经济学——理论与应用.上海:复旦大学出版社,2003:16.

是个体的心理因素与外界环境交互作用的结果,人类的行为方式、指向和强度,主要受这两大类因素的影响和制约。研究人类行为的影响因素,一般是从这两方面来考察和研究的。

现代研究学者不同程度地探讨了影响、制约会计个体行为的因素。林钟高(1999)在其所著的《会计行为论》中将制约会计个体行为的直接因素归结为七个:个体需要的种类和强度、个体的价值观、个体的能力、需要的资源种类和丰富程度、行为机会、行为方式和行为耗费,将影响会计个体行为的主要心理因素归结为:情感与情绪、意志、气质与性格等。

笔者认为,影响会计人员职业判断的个体心理因素可以划分为:价值观、性格、气质、情感与情绪等。

1. 价值观

价值观是一个人对周围客观事物的意义、重要性的总评价。会计个体的价值观,是指会计个体对自己的需要和行为进行是非、善恶评价的标准。价值观由人生观、世界观所决定,是因人而异的,决定着人们对事物价值的取舍。会计人员如果有良好的价值观,就会形成高尚的职业道德情操、高度的责任心,提供出令人满意、对社会和企业负责的会计信息。反之,如果会计人员形成了利己主义、以自我为核心的价值观,就难以坚持原则,机会主义趁机而入,不良的会计行为动机由此而生,所提供的会计信息就很难保持客观真实。因此,价值观是影响会计职业判断行为的一个重要的心理因素。

2. 性格

性格是一个人比较稳定的对现实的态度和习惯化了的行为方式。它是个性中经常地、习惯地、鲜明地表现出来的心理特征,是个性中重要的心理特征。例如,有的会计人员,在会计行为中敢于坚持原则,自觉遵守会计法规、职业道德规范,履行其职责,积极参与管理,表现出鲜明的正直、向上的性格。而有的会计人员则畏首畏尾,胆小怕事,看管理者的脸色行事,怕得罪人,表现出性格的懦弱性。由于性格不同，即使在同样的环境下，同样的需求，不同的会计人也具有不同的行为动机，表现出行为的偏差。

3. 气质

气质，是指一个人的"脾气"、"性情"，是人的典型而又稳定的心理特征，主要表现为人的心理活动的动力。所谓心理活动的动力，是指心理活动过程的速度和稳定性、心理过程的强度以及心理活动的指向特点。例如，有的会计人员，在会计行为中表现出沉稳，对会计程序与方法的选择趋向稳健、保守。具体表现在收益、费用的确认与计量上，他们宁愿高估费用与负债，将或有费用与负债确认为当期的费用和负债，而不确认或有收益，尽可能地降低税前收益；而有的会计人员，则表现出热情、激进，在会计方法选择上也表现一定的激进性。由于气质上的差异，会计人员的行为动机强弱不同。

4. 情感与情绪

情绪和情感是指人对于客观事物是否符合自己的需要而产生的态度的体验。情绪和情感是两种既有区别又有联系的主观体验。情绪与情感有着紧密的联系：情绪是情感的表现形式；情感是情绪的本质内容。情绪带有情景性和易变性，而情感具有较大的稳定性和持久性。情绪发生时会出现一系列的机体内部生理变化，并有各种外部表现。在其他条件一定的条件下，情绪能够对会计职业判断产生重大影响。积极的情绪可以提高人的活动能力，而消极的情绪则会降低人的活动能力。

（四）影响会计职业判断的环境因素

人的行为是人的心理因素与外部环境交互作用的产物和表现。客观环境对人类行为的影响是多方面的、综合性的。客观环境，按不同的标准有不同的分类。我们立足于企业，可将影响会计职业判断行为的环境分为两大类：宏观环境与微观环境。宏观会计行为环境约束微观会计行为环境，微观会计行为环境体现着宏观会计行为环境的要求。不论是宏观还是微观会计行为环境都对会计判断行为起着重要的作用,会计行为也会随着会计环境的变化而相应变化。

1. 宏观环境

我们可以把影响会计职业判断的宏观环境因素划分为:经济环境、政治环境、法律环境与文化环境。

(1)经济环境。经济环境因素包括经济管理体制、经济发展水平和经济稳定状况等。经济管理体制的合理与否,直接影响会计人员行为的合理性,管理体制合理而且运行良好,会计人员的职业判断行为受外来干预现象就要少些。而经济发展水平的高低影响到会计行为规范进程的快慢。在经济发达的国家或地区,会计行为规范的进程也较快。经济稳定状况对会计行为也是有影响的。经济不稳定时,对会计行为的冲击和波动也比较大。

(2)政治环境。政府的经济方针与政策,政策的稳定与连续,对会计行为的协调运行也有一定的影响。其中,政府行为的影响比较明显。国家为实现其经济和社会的总体目标,会运用行政、经济和法律等手段,有意识地作用于社会和经济活动,体现出政府行为指向性的特点。这种有意识的指向性,会直接或间接地影响会计人员的职业判断行为。我国正处于新旧经济体制转轨时期,政府对经济和对企业干预的范围比较大,强制性比较明显。

(3)法律环境。法制的完善程度,特别是有关经济法规的健全程度,在很大程度上决定着会计行为的发生和发展。这要求整个社会建立起一个法规健全、有法可依、执法必严、违法必究的法律环境。健全的法律环境,要求在制定会计准则(会计制度)时,就应充分考虑到各利益团体的实际情况和切身利益,从根本上消除影响会计职业判断行为的不良因素。同时,整个社会要形成一个人人守法、法律至上的氛围。在我国,"权大于法"、"情大于法"的事件屡屡发生,致使人们普遍法制观念淡薄,会计违法违规现象大量出现也就不足为奇了。

(4)文化环境。文化环境是指对会计模式系统的形成和发展具有制约和影响作用的各种文化因素的总和，包括思想观念、价值趋向、思维方式、行为准则以及语言文字、风俗习惯等。文化环境方面的差异，直接或间接地影响着会计人员的职业判断行为。特别是整个社会的诚信意识，对会计职业判断行为是否合理、防止滥用职业判断行为产生重大影响。从某种程度上说，市场经济是信誉经济。只有重信誉、守信誉，才能形成公平的竞争环境，市场活动中所发生的各种经济关系才能得以维系，市场活动才能得以正常运行。近年来我国会计行业陷入"信誉危机"，一方面与经营者以及会计人员本身素质有关，另一方面也与整个社会诚信意识的缺失有很大的关系。

2. 微观环境

影响会计人员职业判断的微观环境主要有：公司治理结构、企业组织结构、管理当局的经营理念与风格、企业文化等。

（1）公司治理结构。一般而言，公司治理结构是指公司董事会的功能、结构、股东权利等方面的制度安排，是有关公司控制权和剩余索取权分配的一整套制度性安排。一套有效的公司治理结构，能有效地监督会计信息系统的信息生成过程和信息生成结果，使管理当局的会计政策选择和职业判断行为的随意性大大降低。我国政治经济体制正处于转轨的过程中，"内部人控制"和"一股独大"的现象严重，公司治理结构弱化，会计职业判断行为在会计实务中运用混乱的状况比较普遍。国有企业最终的委托人模糊，从而使得管理当局可以随意进行职业判断及会计政策选择，没有人真正有动力去监督这些不合理的行为。

（2）企业组织结构。组织结构是指企业计划、协调和控制经营活动的整体框架。一个公司的组织结构的合理化，能够引导会计行为主体形成积极的心理。组织结构主要包括以下两个方面：①组织单位的形式和性质。例如，上市公司资金主要来自资本市场，它的会计信息应满足对社会投资者、监管部门等外部利益主体的需要。故此，对会计职业判断行为主体的专业素质和技能要求较高，同时对它的诚信程度和职业道德水准期望也比较大。②每个组织单位内部划分责任权限的办法。内部职责权限划分恰当，会计行为主体之间相互牵制，就可以杜绝因权力不明、责任不清带来的相互扯皮推诿等不负责任的工作作风，也可以防止部分人员因为权力过大、缺乏监督，而产生以权谋私的念头。

（3）管理当局的经营理念与风格。管理当局在微观会计环境中起着很重要的作用。他们的经营理念、行为方式和风格，会对会计人员的心理产生重要的影响。首先，表现为管理当局对待风险的态度和控制风险的做法。如果管理当局不愿冒更大的财务和经营风险，控制风险的手段也比较强硬，那么会计人员的行为心理就趋向保守和稳妥，在会计职业判断时就会采取小心谨慎的态度。其次，表现为管理当局对待会计工作的重视程度。再次，表现为管理当局的诚信观念。如果管理当局具有正直诚实的品格，在工作中一贯保持诚信，那么，会计人员在进行职业判断时，就会自觉抑制机会主义行为动机，客观、公正地做出选择。

（4）企业文化。企业文化就是企业在生产经营过程中，长期形成的意识形态，以及与之相适应的制度和组织机构，它通常分为三个层次。第一层次是企业文化的核心，叫做精神层，是指企业的领导和职工共同信守的基本信念、价值标准、职业道德等，包括企业精神、企业最高目标、企业经营哲学、企业风气、企业道德和企业宗旨等六个方面。第二层次是企业文化的制度层，又称基础层，主要是指企业职工在生产经营活动中所应遵循的行动准则及风俗习惯。第三层次是企业文化的形象层，是企业文化的表层部分，它往往能反映出企业的经营思想、经营管理哲学等核心内容。企业文化对会计职业判断行为主体的作用，是一种潜移默化的影响，它一点一滴地渗透到会计人员的精神世界，有益于会计人员树立正确的价值观，在实施职业判断时，选择客观公正的立场，公平地对待有关利益各方。

三、会计人员的职业判断能力分析

会计人员的职业判断是会计人员实施的一种判断与选择行为,其中会计行为动机与立场、心理因素与外部环境都直接或间接作用于会计职业判断行为,对会计职业判断结果产生影响。但会计职业判断本身是一项专业性与技术性非常强的工作,这就要求会计人员具有高水平的会计职业判断能力,这是能够有效进行会计职业判断的基础与前提。会计职业判断能力是能否提升会计职业判断质量的关键所在。

(一)会计职业判断能力含义

在定义会计职业判断能力之前,我们首先界定一下什么是职业能力。国际会计师联合会(IFAC)认为:职业能力是指能够在一个真实工作环境中按特定标准承担工作角色所应具备的能力❶。加拿大注册会计师协会(CGA)则认为职业能力是指能够有效履行特定职业角色而必须具备的知识、技巧、才能和行为的总和。美国注册会计师协会(AICPA)认为职业能力是以一种能干的、有效率的和恰当的态度履行高标准工作的才能,并将构成核心职业能力的明显特征归纳为"能够为用户提供价值和结果的会计师技能、技术和知识的独特组合"❷。从上述有关对于职业能力概念的论述,我们可以看出职业能力一般是指职业胜任能力,通常包括知识、技能、符合特定职业角色等内容。

什么是会计职业判断能力呢?目前,学术界仍然没有权威性的定义。石本仁、赖红宇指出,会计人员的职业判断能力是指会计人员面临不确定情况,依据一定的职业规则和自身的经

---

❶ IFAC. 1996. IEG9: Pre – qualification Education, Assessment of Professional Competence and Experience Requirements of Professional Accountants. New York. www.ifac.org.

❷ AICPA. 1999. Core Competence Framework for Entry into Accounting Profession. New York. www.Aicpa.org.

验，对某一事项所做出分析、判断、选择和决策的能力。❶陈春霞、宋振水则认为，会计职业判断能力是会计人员按照国家法律、法规和规章，结合企业自身的经营环境和经营特点，运用其所掌握的专业知识和经验，对企业日常发生的经济事项和交易采用的会计处理原则、方法、程序等进行合乎情理的判断和选择的能力。❷

笔者认为，会计职业判断能力是由会计行为主体在履行职责的过程中，依据会计标准，根据企业理财环境和经营特点，利用自己的专业知识和职业经验，对会计事项处理和财务会计报告编制应采取的原则、方法、程序等方面作出公允的判断和选择的能力。会计职业判断能力是会计人员职业能力的核心组成部分。在其他条件相同的条件下，具有较高职业判断能力的人做出的判断就会更加恰当，由此生成的会计信息的质量就会越高。

(二) 会计职业判断能力的构成要素

会计职业判断能力是判断主体应具备的一种综合能力，它是一个由各种专业知识、经验和技能等组成的要素集合。从会计职业判断能力的定义出发，结合管理学、心理学的相关理论，我们将会计职业判断能力分为四个方面：专业知识、专业技能、有效经验与"理想职业性格"。

1. 专业知识

会计人员的专业知识指的是会计人员所学习到的与会计实务相关的知识的集合。专业知识是会计人员从事任何会计相关工作的根本前提和基础，理所应当的也是会计人员运用职业判断的根本前提和基础，它是会计职业判断能力的基石部分，它是所有会计人员在运用职业判断能力时，最基础层面上的理论支持和逻辑基础。专业

---

❶ 石本仁，赖红宇. 会计人员职业判断能力的培养. 财会通讯，2000，(11)：41.

❷ 陈春霞，宋振水. 谨慎性原则的运用与会计职业判断能力. 财会通讯（综合版），2006，(6)：85.

知识包括在不同的时点、通过不同的途径所学习到的所有相关实务的知识。从知识获得的时点上来分，有在校学习、后续教育或是平时的积累。从知识获得的方式上来分，有系统学习、短期培训、自学等方式。

2. 专业技能

会计人员的专业技能主要由专业理解能力、专业分析能力、记忆能力与沟通能力等组成。

（1）专业理解能力。专业理解能力主要体现在会计人员对于准则和特定会计事项的理解水平。在准则的正式实行之前，会计人员往往会得到前期的准则学习和接受关于准则运用的培训，但这并不意味着会计人员已经具备了对于准则足够的认识，即便是准则在实务中实行几年之后，仍然无法使所有的会计人员对于准则的理解水平达到职业判断要求的程度。会计人员对于准则理解水平的不同，会直接导致他们在运用职业判断时，对准则的运用程度和方式有别，从而对职业判断质量和信息质量造成影响。同时，会计人员对于归属于特定会计主体的会计事项的熟悉程度和理解水平，也是做出恰当职业判断的重要因素之一，这其中还包括了对特殊行业会计环境和业务流程与实质的把握和认识。

（2）专业分析能力。专业分析能力是会计人员将自身知识结构运用于不确定会计事项，从而进行比较、归类和综合评判的能力。如果把会计职业人员的知识结构比作会计人员的职业知识库体系，那么会计人员的专业分析能力就是将职业知识库体系与会计事项相结合的能力。具有类似知识结构的会计人员对于职业判断的运用效果也许相去甚远，此时的主要原因就在于专业分析能力方面的差异。在专业分析能力的培养过程中，起到重要作用的是会计人员自身的认知水平、学习能力、记忆力等智力因素和经验等非智力因素。

（3）会计人员记忆能力。会计人员记忆能力是会计人员专业能力最基础层面上的组成部分，它与会计职业人员后天努力的关系不大，更多的是由一个人的先天记忆能力决定的。尽管很难通过后天的努力来改变，会计人员的记忆能力仍然是会计人员专业素养中不可或缺的一部分。记忆能力决定了会计人员提取职业知识库体系的准确度和速度，影响了会计人员接受新知识的能力，限制着会计人员专业分析能力和理解水平，对于职业判断运用的效率和效果有着直接的影响。

（4）沟通能力。沟通能力在会计职业判断中也起到了重要作用。在实施职业判断时，会计人员往往囿于自身的专业知识与能力水平的限制，有时需要向外部或内部有经验或有专长的人士咨询。有时，一些重要判断需要集体做出判断。此时，沟通的效果直接影响判断结果的准确程度。

3. 有效经验

所谓"有效经验"是从职业判断的角度来界定的，即会计人员实际经历过的运用职业判断才能完成会计处理的会计事项的数量与性质。[1] 有效经验不同于工作经验，它与会计人员所总共经历的会计事项的多少或是工作年限的长短之间虽有一定的联系，但还是存在一定区别的。因为真正能对职业判断能力起到促进作用的是"有效经验"而非"工作经验"。比如在大型企业有 2 年财务主管工作经验的会计人员的职业判断能力可能要强于另一位在某事业单位工作了 20 年的老会计，这其中的主要原因在于前者的"有效经验"远远高于后者。会计人员在工作经历中会逐渐提炼、加工有效经验，并将其作为"判断方法库"的重要组成部分为后续判断提供参考和依据。因而，"有效经验"对于职业判断能力的培养是十分重要的。

4. "理想职业性格"符合程度

"理想职业性格"的符合程度是一种职业能力倾向，或说是一

---

[1] 莫磊. 基于职业判断能力的会计信息质量研究. 中国地质大学硕士学位论文，2007：33.

种内在的职业能力潜质。❶ 这里的理想职业性格是指人们期望的实务工作中所应具备的最为适应于职业判断需要的稳定的性格特征,如谨慎、细致、公正、风险中立以及在出现难以解决的问题愿意向他人进行咨询等。"理想职业性格"的符合程度揭示了一名会计人员所具备的职业判断能力潜能,它是职业判断能力结构中最稳定的要素。将"理想职业性格"的思想加以运用,可以对会计从业人员进行职业判断性格倾向测试。通过该项测试,可以初步了解到测试者是否具备从事会计职业判断业务的能力倾向以及具备的潜质如何,并且可以作为一个备档的资料。同时,也可以定期地在后续教育之前进行后续职业判断能力测试,作为后续教育内容调整的依据之一。

四、会计人员职业判断中的职业道德分析

会计人员的职业道德也是影响会计职业判断的重要因素。由于会计职业判断是一种具有社会性后果的会计行为,同时职业判断本身又是一种内在的思维过程,在判断过程中能否做到客观、公正,不偏不倚地对待有关利益各方,除了外部的强制性约束外,关键依赖于会计人员的职业道德水平。不断提升会计人员的职业道德水准,有效抑制和防范会计人员的道德风险,对于提高会计职业判断的质量、增强会计信息的可靠性与相关性具有重要的意义。

(一)会计职业道德的含义及特征

1. 会计职业道德的含义

会计职业道德,是会计人员在从事会计职业活动过程中,应遵循的道德规范和行为准则的总和,是一般社会道德规范在会计行为活动中的具体体现。近年来,随着一系列会计失信案件的爆发,会计行业的职业道德问题成为社会关注的焦点。良好的会计职业道德应具有三种经济功能:第一,能够有效的淡化机会主义行为;第

---

❶ 莫磊. 基于职业判断能力的会计信息质量研究. 中国地质大学硕士学位论文, 2007: 32.

二,能够节约财务信息的费用;第三,能够减少强制执行法律的费用和实施其他制度的费用。❶

2. 会计职业道德的特征

会计职业道德具有以下一般性特征:(1)社会性。它是在长期的会计实践中逐渐自发形成的,是会计行为的公德,被社会广泛认同和接受,具有广泛的社会性;(2)自律和他律相统一。会计职业道德是自发形成的,是对他律的内化,它构成从业者的理念和独特的品格;(3)职业性。会计职业具有很强的技术性,因此会计道德规范必然要体现技术的层面,如会计政策和程序的选择应符合道德要求;(4)具有一定的强制性。会计职业道德是旨在维护社会经济秩序的职业规范,而不是仅仅去追求内在精神世界的高尚和完善。对会计职业道德提出的要求散见于《会计法》及相关的工作规范中,在一定程度上具有强制性;(5)较多关注公众利益。会计的一个显著特征是会计活动与社会公众利益密切联系。会计人员在遵循会计职业道德的过程中,往往会受到利益因素的驱动。由于会计人员的利益取决于经济主体的利益,当个人利益、经济主体利益与国家利益和社会公众利益出现矛盾时,如果会计人员与经济主体利益协调一致,忽视国家利益和社会公众利益时,便产生了会计职业道德危机。

(二)会计职业道德在会计职业判断中的作用

会计职业判断是一种主观见之于客观的主观性的思维活动,是一种"有规律的创造",本身具有"内隐性",不易为外界所观察。而且会计职业判断主体处于复杂的利益冲突的网络之中,如果缺乏职业道德的约束,则利用职业判断牟取个人或小集团私利的行为将在所难免,轻则造成会计信息行为性失真,重则导致会计信息违规性失真,损害其他利害相关者的利益。如果建立起良好的会计职业道德约束机制,则可以降低会计人员的机会主义行为,有效提高会

---

❶ 岳上植. 会计诚信评价体系构建的思考. 会计研究,2005,4:73-76.

计职业判断的质量。

会计职业道德在会计职业判断中的作用具体表现在：（1）会计职业道德是对会计法律制度的重要补充。会计法律制度是会计职业道德的最低要求，会计职业道德是对会计法律规范的重要补充，会计职业道德这种无形的约束无所不在，其作用是其他会计法律制度所不能代替的。（2）会计职业道德有助于淡化会计人员的机会主义行为。会计职业道德是规范会计职业判断行为的基础。动机是行为的先导，有什么样的动机就有什么样的行为。会计判断行为是由内心信念来支配的，会计职业道德有助于形成一种公正的理念。（3）会计职业道德能够减少强制执行法律的费用和实施其他制度的费用。如果缺乏会计职业道德约束，则势必增加其他措施来防范会计人员的机会主义行为，这无疑会增加制度实施费用。相比于会计法律法规，会计职业道德作用的区域更广泛，发挥作用的时间更长久，实施成本更低廉。在会计职业判断过程中，会计职业道德的作用是不可替代的。

（三）会计人员职业判断的道德风险分析

所谓道德风险，是指在委托代理关系中，由于契约的不完备性与信息不对称的存在，同时由于委托人与代理人双方的价值观和利益也不尽一致，代理人为谋求个人利益，就有动机利用信息优势，做出有损害于委托人利益的行为。具体到会计职业判断中，道德风险也是现实存在的。

会计人员职业判断中道德风险的产生固然与会计人员自身的道德素质有关，但也与会计人员的自我保护需要与自利动机密切相关。需要和动机是会计人员进行会计职业判断的内部驱动力。会计人员作为社会中的一员，具有人类共有的一些需要，包括经济利益、荣誉地位的追求等。这些需要往往是依靠企业管理当局给予满足的，这使会计人员在面临各种利益矛盾冲突时，有可能在职业判断中屈从于管理当局的意愿，难以保持客观中立。而且会计人员面对着企业管理层的监控与考核，还产生了现有职位能否保住、能否晋升、各项经济待遇能否保住并提高的问题。在进行会计职业判断生成会计信息时，会计人员一般会选择有利于自身利益的会计行为。因此，在这种情况下，一旦发生经营者的道德风险，基于自我保护需要与自利动机，会计人员为了"趋利避害"，就会在职业判断中屈从于管理层的压力，或与经营者合谋，放弃应有的公正立场，利用职业判断赋予的选择权，做出有损于外部利益相关者的行为，就会引发会计人员的道德风险。

此外，由于会计事项的复杂性、不确定性以及外部约束弱化也会引发会计职业判断的道德风险。会计事项具有的某些特点会对会计职业判断产生影响，主要表现为：问题的复杂性、重复性、不确定性、规范程度、类型和要求的判断质量等方面，其中问题的复杂性、重复性最为重要。根据问题的复杂性和重复性可以将问题分为：非结构化问题、半结构化问题和结构化问题。经济业务的不确定性是指根据交易或事项是否已经存在、对当期财务报表的影响结果（收益或亏损）是否确定、金额是否需要估计，可以把经济业务分为：基本确定、低度不确定、中度不确定和高度不确定四类业务。经济业务不确定性越高，对会计职业判断的要求也越高，失误风险越大。显然，会计事项的复杂性和不确定性既对会计人员职业判断能力提出了较高的要求，同时也扩大了会计职业判断空间。如果此时外部约束弱化或不到位，为追求自身利益而利用会计职业判断操纵扭曲会计信息，就成为会计人员的一种理性思维和必然选择。

（四）会计人员职业判断的道德风险防范

为了防范会计人员的职业道德风险，促进会计人员客观公正地实施会计判断、处理会计事项，必须建立起有效的会计职业道德执行机制。会计职业道德的执行机制必须坚持自律机制与他律机制并举，并依托行业组织建立行业自律与惩戒机制，同时辅以会计职业道德的灌输与宣传，多管齐下，才能有效发挥会计职业道德的作用。

1. 形成会计职业道德自律机制

会计职业道德自律是指会计人员在会计职业生涯中，在履行对他人和社会会计义务的过程中形成的一种会计职业道德意识。会计职业道德自律既是会计人员意识中的一种强烈的会计职业道德责任感，又是会计人员依据一定的会计职业道德准则进行自我评价的意识要求。会计职业道德自律机制是以会计职业良心为核心，通过会计职业道德自律管理体制设置、法律及制度安排、职业良心建立及约束、职业职责规范及自我评价等手段而实现会计职业整体利益要求的一种运转状态。在建设会计职业道德自律机制时，应将职业道德的自律与他律有机结合，建立职业团体自我约束，自我控制的机制，这样才能形成一种健全有效的自律机制。

2. 健全会计职业道德他律机制

首先，建立会计职业道德评价体系。应制定一套可操作的会计职业道德的监测评价系统及评价标准，选择恰当的评价方法，对会计职业道德进行跟踪、监测和评价。其次，建立和完善会计职业道德奖惩机制。通过制度创新，严格考核奖惩，把思想引导与利益调节、精神鼓励与物质奖励、惩戒与处罚结合起来，形成良好的会计职业道德情感和抑恶扬善的社会环境，为会计人员遵守会计职业道德提供一个良好的从业氛围。再次，强化社会舆论监管。建设会计职业道德评价体系并使其发挥作用，离不开社会强有力的舆论监督。社会舆论代表了广大群众的一种意志、情感和价值取向，能给会计人员以某种荣誉感或耻辱感。通过发挥广大新闻媒体的舆论导向与监督作用，公开宣传正面典型，鞭挞反面典型，培育揭露、抨击会计造假行为的社会力量，为诚信与会计职业道德建设营造有利的社会环境。

3. 建立会计行业自律与惩戒机制

在会计职业组织比较健全的情况下，应由职业团体通过自律性监管，对发现的违反会计职业道德规范的行为进行相应的惩戒，如可以根据情节轻重采取通报批评、参加继续教育、直至取消会员资格等惩戒措施。会计职业组织起着联系会员与政府的桥梁作用，并对其会员进行自律性监管。建立和完善会计行业自律性惩戒机制，需要在会计职业组织中设立职业道德委员会和仲裁委员会，负责职业道德规范的制定、解释、修订、实施和仲裁等工作。

4. 加强会计职业道德教育

会计职业道德教育是提高会计职业道德水平的重要方式和手段，也是提高会计职业道德水平的重要途径。会计职业道德教育的目的，不仅是让会计人员认知会计职业道德规范，而且是使他们将会计职业道德规范逐步形成自身的思想观念，并指导和约束自身的行为，提高职业道德自律能力，形成良好、稳定的道德品行。会计职业道德教育包括三个层次：一是对潜在会计人员的会计职业道德教育，即对大中专院校会计专业的在校学生进行会计职业道德教育，使学生在校期间就开始学习和了解会计职业道德理论、规范，培养职业道德情感和观念。二是对从事会计职业的人员进行岗前会计职业道德教育，即岗前道德教育。三是对会计人员的继续教育，即对包括注册会计师在内的会计人员进行持续的再教育。

第五节　经营者的职业判断分析

一、经营者在会计职业判断中的定位

根据契约理论，企业是一系列契约关系的联结。根据企业内部这一系列契约内容和功能的不同，可以把这些契约分为要素使用权交易契约和会计契约两种。会计契约是企业契约的主要组成部分，谢德仁已经证明现代会计规则制定权的最优安排是：政府享有一般通用的会计规则制定权，经营者享有剩余的会计规则制定权，由独立、客观、公正的会计专家担当外部权威来监督经营者对一般通用

会计规则的遵循和对剩余会计规则制定权的适当行使。❶ 在企业中，企业经营者又把剩余会计规则制定权和通用会计规则执行权委托给企业会计人员具体执行。经营者属于负责经营决策的人力资本所有者，会计人员属于执行决策的人力资本所有者，即生产者。经营者负责对会计人员的工作进行监督。张维迎（1995）认为，撇开非人力资本所有者，企业的剩余索取权和控制权在企业经营者和生产者之间的最优安排，决定于每类成员在企业中的相对重要性和对其监督的相对难易程度。在经营者和生产者之间的最优安排，应该是经营者拥有剩余索取权和控制权，生产者得到合同工资并接受经营者的监督。

在会计职业判断中，经营者负有什么样的职责呢？经营者的职责主要是进行会计政策的选择，决定重大的会计职业判断结果，并对会计人员的职业判断进行监督。首先，经营者对会计人员的职业判断进行监督。经营者组织企业生产经营活动并对经营结果负责，当然也必须对会计工作的结果负责。我国会计法第四条明确规定，"单位负责人对本单位的会计工作和会计资料的真实性、完整性负责"。会计人员的职业判断是会计工作的重要组成部分，对于会计信息的真实性具有重要影响。因此，经营者当然要对会计人员的职业判断进行监督。其次，选择适当的会计政策。对于会计政策的选择权，比如，固定资产折旧方法的选择、投资性房地产是采用成本计量还是公允价值计量等，应当由企业经营者决定。在实际会计工作中，常常是由会计人员提出建议、由总经理办公会或董事会批准后执行。再次，经营者有权决定重大的会计职业判断结果，比如，重大资产减值准备的计提，如果计提的金额异常的巨大，对企业的经营成果和财务状况造成重大影响，那么就应由经营者决定最终判断的结果。

---

❶ 谢德仁. 企业剩余索取权：分享安排与剩余计量. 上海人民出版社, 2001: 200.

经营者要从企业整体角度出发，权衡企业利益相关者的利害关系，努力作出最佳判断，以期实现企业价值最大化。经营者在进行会计职业判断过程中，要注意保持一种恰当的尺度和分寸，既不要"越位"——越权干涉会计人员正常的职业判断；也不要"缺位"——对会计人员的职业判断放任自流，疏于管理。因为，会计工作具有较强的专业性和技术性，经营者要严格遵守会计法的有关规定，不能滥用职权，不恰当地干预会计人员的正常工作。但由于会计人员所处的地位和专业背景的限制，可能无法从企业全局的角度去思考问题，对于重大的会计判断决策，应当由经营者统筹考虑、综合权衡后作出决定。经营者应当对重大会计决策负责，以体现责任与权力的对等。

二、影响经营者会计职业判断的因素分析

笔者认为影响经营者会计职业判断的因素主要有三个方面：行为动机、综合能力与品德修养。其中，行为动机是经营者进行会计职业判断的出发点，综合能力是经营者做出有效职业判断的基础，品德修养则是经营者做出合理职业判断的保障。

（一）经营者的行为动机

会计学界对会计职业判断动机的研究已经有相当长的时间，特别是实证会计的研究方法被引入以后，得到了很多富有启发意义的结论。瓦茨和齐默尔曼通过总结实证会计研究的成果，将影响企业会计选择的因素概括为三大类，即报酬计划（Bonus Plan）、债务契约（Debt Covenant）和政治成本（Political Cost）。[1] 他们认为，企业经理人员的个人收益一般是与企业的经营情况、特别是盈利等会计指标紧密联系的，因而管理当局具有通过会计选择来影响会计利润的动机；负债经营被普遍地认为是企业理财的基本手段，甚至是管理当局开拓进取精神的体现，而债权人为维护自身的利益，往往

---

[1] 瓦茨与齐默尔曼. 实证会计理论. 陈少华等译. 东北财经大学出版社, 1999.

会在债务契约中加上许多限制性条款，为此，企业管理当局具有通过会计选择行为来美化财务状况以满足债务契约的动机。另一方面，政府及监管机构出于控制经济资源、分享经济收益、稳定市场秩序等考虑，会通过税收、收费、管制等手段对企业施加影响，促使企业管理层或者游说政府使其采取有利于己的政策措施，或者通过一定的选择行为来迎合政府的监管。

考察我国经营者的会计职业判断动机，必须结合我国现实的国情。我国现正处于经济转型时期，制度建设还不完备，正在逐步完善过程中，资本市场处于稳步发展阶段，有关各方的监管给企业造成很大的压力。因此，经营者在进行职业判断时，就会根据针对不同的现实状况，综合权衡各方利益关系，做出有利于个人效用最大化或企业价值最大化的选择。经营者进行会计职业判断的动机主要有：

1. 报酬契约动机

当企业投资者与经营者签订奖金计划时，一般是以企业的经营业绩等财务指标为依据进行考核。企业的业绩好坏直接影响到经营者的利益，而经营者作为企业经营的代理人，拥有剩余会计准则的制定权与会计规则的执行权，因此，经营者就有很强的动机去粉饰公司业绩指标，以尽可能地获取更多的奖金。在经营者发生变动的时期，更容易诱发利用会计职业判断进行盈余管理的动因。同样，效益差的企业的主要管理人员也会使盈利最大化，以防止或推迟被解雇。

2. 资本市场动机

我国资本市场上证券监管部门对上市公司制定了一系列的监管政策。为了满足证券监管的要求，实现各种预期的目的，就会形成经营者会计职业判断的动机。这主要表现在：一是首次公开发行股票动机。我国资本市场对于企业上市存在严格的准入制度，为了能够取得上市资格且能够一个理想的价位发行股票，经营者就有动机利用会计政策选择等手段进行操作。二是配股动机。我国证券监管机构对配股规定了较为严格的条件，为获取再融资资格，也会诱导经营者的职业判断行为。三是避免被 ST 处理。由于企业的上市能给投资者带来极大的利益，同时，由于上市额度有限，使得上市公司已经成为一项弥足珍贵的"壳"资源。因此，当上市公司一旦出现经营不力，产生亏损时，其母公司或其利益相关者就会想方设法维持其上市资格，以取得更大的利益。为避免被 ST "悲剧"的上演，经营者就有足够的动机操纵职业判断。四是满足盈利预测的动机。根据中国证监会的有关要求，上市公司应当公布会计预测数据。公布盈利预测指标对上市公司而言无异于向投资者承诺其目标利润，如果完不成盈利预测中的目标利润，上市公司将面临重大压力。例如，当无法实现盈利预测指标时，经营者（上市公司董事长）就必须公开做出解释，甚至公开道歉，并有可能会受到中国证监会的公开批评。

3. 政治成本动机

政治成本是指企业由于政治原因而负担的支出。很多公司由于自身的特点会受到明显的政治关注，特别是一些垄断或接近垄断的企业，如电信、石油、煤气等公司。当企业的盈利能力较强时，就会受到公众和政府的过多关注，政府部门可能会对其征收高额税收或对其进行其他限制。因此，这些公司希望通过盈余管理降低所受到的关注程度，为此利用会计程序和方法来使净收益最小化成为企业的优先选择。

4. 债务契约动机

企业进行投资及日常经营所需大量资金，除投资者投入以及自身积累外，主要依赖于金融机构的信贷资金。金融机构在向企业贷款的同时，一般与企业签订协议，其中包括各种要求遵循的条款，如流动比例、净资产收益率等指标的变动范围。一旦企业超出这些条款所允许的变动范围，就会相应地提出一些惩罚措施。所以，当企业注意到本年度的一些财务指标有偏离债务条款的趋势或已经偏离时，也会有很强的动机利用职业判断的选择权进行会计处理。

5. 整体优化发展动机

从理财的角度来看,企业的整体战略目标就是实现企业价值最大化。为实现此目标,在进行职业判断时,就必须立足企业整体发展战略,统筹考虑不同利益相关者的利益关系,妥善处理长远利益与眼前利益、整体利益与局部利益的关系,优化企业的会计政策选择。

6. 收益平滑动机

稳定的收益使股东和债权人对企业管理产生信任感。当企业盈余变化很大时,就会给人以不稳健的感觉。由于人们对风险的内在恐惧感和厌恶,使得盈余变化大的企业在资本市场上缺乏吸引力。而管理当局为了吸引更多的投资,往往会进行相应的职业判断,使利润平滑,使人有收益稳定且稳中有升的感觉,以为企业经营发展很稳健。

(二)经营者的综合能力

经营者与职业判断相关的综合能力主要包括洞察能力、决策能力、协调能力等。洞察能力是指经营者发现问题的能力与透过现象找寻本质的能力,在职业判断中要求经营者能够透视经济交易事项的形式而看清其背后的真实意图;决策能力是指经营者在不同的方案中作出选择的能力,这是经营者最为核心的能力,在会计职业判断中,常常由会计人员提出相关的建议、意见,而由经营者作出最后的选择,因此要求经营者具有大局观,站在战略高度进行决断;协调能力是指经营者能够协调不同部门、不同人员的关系与利益的能力。在会计职业判断中,经营者需要综合利用洞察能力、决策能力、协调能力,统筹规划,全面协调,果断决策,作出合理、公允的判断与选择。需要特别指出的是,经营者在职业判断中并不需要具有高水平的会计专业知识,经营者可能对会计仅仅是初步了解,但这并不妨碍其做出有效的判断决策。

（三）经营者的品德修养

经营者的品德修养，是在其长期的工作、学习、生活中形成的具有稳定性的职业态度、思想意识与道德品质。如果经营者具有正直诚实的品德、正确的价值观念，那么在进行判断时，就会自觉抵制机会主义行为，压制不良动机，作出合理选择，不会谋求个人私利以损害他人或公众利益。而且，品德修养具有稳定性，能够长期发挥作用，特别是在一些无法监督和难以监督的领域，更有其不可替代的作用。经营者的品德修养是其作出合理、公允判断的保障，它对企业经营理念的形成与会计诚信意识的培育具有至关重要的作用，对会计人员的会计职业判断行为会产生重大影响。

三、经营者职业判断的道德风险

（一）企业契约理论与经营者的道德风险

根据企业契约理论，企业是一系列契约的联结。现实中的契约都是不完全的，机会主义者在签约与履约时就有可能为增加自身利益而违背初始的承诺，或者有意发出误导他人的信息。在企业契约中，内部要素使用权交易契约和会计契约都是不完备的，作为企业契约中的一方的经营者就有可能利用契约的不完全性实施机会主义行为，从而损害企业契约其他方的利益。

为了有效地激励代理人努力工作，防范偷懒行为的发生，就必须合理安排企业产权问题。产权问题的核心是剩余控制权与剩余索取权。由于经营者掌握企业的日常经营活动，对企业拥有自然的控制权，因此剩余控制权就天然地赋予了经营者。而对于剩余索取权，根据现代激励理论，应分配给企业中最具有信息优势、最难监督的成员，而且企业的控制权与剩余索取权应尽可能匹配，否则，控制权就会变成一种"廉价投票权"。但由于经营者的人力资本不具有可抵押性，无法承担经营风险，因此企业剩余索取权应该由承担经营风险的出资者与经营者共同享有。所以，在企业产权安排中，经营者既享有对企业的剩余控制权，也享有一定的剩余索取权。

会计契约同样是不完备的。一般认为，会计准则制定权的"三权分立"模式实现了会计准则制定权的公平与效率，即政府享有一般通用会计准则制定权，经营者享有通用准则的选择权和剩余准则的制定权（也称为会计准则剩余控制权），独立、客观、公正的会计职业界负有对经营者遵循一般通用会计准则和制定剩余会计准则的监督权。会计准则的剩余控制权是企业剩余控制权的一个重要组成部分，因而经营者理所当然地拥有会计准则剩余制定权。由于会计职业判断权属于通用会计准则选择权和剩余会计准则制定权，那么会计职业判断权就应当由经营者实际拥有。

企业经营者既享有企业剩余索取权，又控制对剩余计量的剩余会计规则制定权，此时经营者已经成为真正意义上的企业内部人。❶此时，经营者就会利用企业内部人的优势，偏离委托人的预期，按照自身效用最大化行动。这就会引发企业经营者在职业判断中的机会主义行为，即诱发道德风险，其具体表现就是滥用会计职业判断，甚至有意识的造假舞弊以谋求个人利益。杜兴强认为，只要下列条件不能同时满足，就不可避免有会计信息披露的道德风险存在：（1）会计信息的使用方和提供方重合；（2）会计信息披露环境的确定性；（3）管理当局任期无限；（4）企业和投资者之间交易关系是永无终结的；（5）企业是持续经营的。❷然而在现实中，上述条件无一能够得到满足。因此，经营者在职业判断中的道德风险是难以避免的。

（二）滥用会计职业判断的定义与定位

所谓滥用，汉语词典对它的解释是：胡乱的、过度的使用；而滥用一般指的是权力的滥用。权利滥用源自英美法系中衡平法所描

---

❶ 刘建秋. 会计诚信契约：理论构架与实现路径研究. 中南大学博士论文，2006：28.

❷ 杜兴强. 契约·会计信息产权·博弈. 厦门大学博士学位论文，2002：69.

述"禁止权利滥用"原则,是基于诚实信用原则衍生而出。"任何拥有权力的人都倾向于滥用权力,这是一个万古不易的经验,不受制约的权力必将走向腐败"。❶ 我国学者对权利滥用界定为以下几种:权利人在权利行使的过程中故意超越权利界限损害他人的行为;权利必须以正当方式行使,如果权利人未依据正当的方式而以不公平、不适当的方式超过正当界限行使其权利时,即构成权利滥用;"权利滥用"实质上是权利人不适当地扩张了其所享有的权利;权利人行使权利超过正当的界限,损害了他人利益或社会公共利益,该行为即为滥用权利,不受法律保护等。无论哪一种定义都基本包括了以下四个要件:一是当事人依法享有权利;二是权利人有行使权利(作为或不作为)的行为;三是权利人存有故意的心理状态;四是权利的行使超过正当界限,损害了其他的利益,有违法性。❷ 一般认为,判断是否滥用权利应该从主客观两方面来考察。就主观方面而言,权利人存在损害他人的意图。判断是否以损害他人为目的,应以社会一般观念认定。从客观上看,权利人的行为产生损人不利己的后果,或者权利人的行为损人很多,利己很少的,可以认定为滥用权利。

学术界对滥用会计职业判断有过一定的研究,但大多数是在论述财务舞弊、会计政策选择时有所涉及,没有给出明确的界定,对其性质也理解不一。笔者认为,滥用会计职业判断,实质上就是滥用会计职业判断选择权,即会计行为主体在做出职业判断时故意不遵循会计准则(会计制度)的精神实质,以超出外部人合理预期方式进行会计政策选择与会计估计,并因此获取不正当的私人利益而损害其他外部人的利益。

滥用会计职业判断具有如下几个特点:一是滥用会计职业判断

---

❶ 孟德斯鸠. 论法的精神. 商务印书馆, 1961: 154.

❷ 史彬. "合法使用"和"滥用"知识产权的辨析. 商场现代化, 2006, 04(下旬刊): 206.

是主观上的一种故意行为，即会计主体明知其行为违反会计准则的精神实质，而积极实施该行为，谋取不正当的利益；二是滥用会计职业判断一般在形式上符合会计准则的条文规定，但实质上违背了会计准则的制定目的和宗旨，即没有遵循实质重于形式原则，表面上合法，实质上是一种违规行为；三是滥用会计职业判断的后果表现为行为人获得了不当利益，并损害其他利益相关者的合法利益；四是滥用会计职业判断的形式表现为超出外部人合理预期的方式作出选择与估计，这是以具有一定的知识与技能的人士作出的判断为比较对象的。

关于滥用会计职业判断到底是否属于会计舞弊的范畴，目前学术界有一定的争议。有人认为滥用职业判断是在准则规定的范围内实施的，是法律许可的行为，不属于会计舞弊行为；滥用会计职业判断会造成会计信息失真，但这种失真是由于会计准则不完善造成的，属于"制度性失真"或"规则性失真"。笔者不同意上述观点。

首先，我们审视一下什么是舞弊。朗文词典将舞弊定义为：舞弊是利用欺骗的手段获利的一种行为，该行为可能受到法律制裁。根据美国注册会计师协会《审计准则公告》第16号的解释："'舞弊'是指故意编造虚假的财务报告，如管理人员蓄意虚报，有时指管理人员的会计信息舞弊、盗用财产，有时称作盗用公款。"❶《中国注册会计师审计准则第1141号——财务报表审计中对舞弊的考虑》中将舞弊定义为：舞弊是指被审计单位的管理层、治理层、员工或第三方使用欺骗手段获取不当或非法利益的故意行为。

从前面的分析可以看出，滥用会计职业判断是一种主观故意行为，其目的是为了获取个人非法利益并损害其他相关者的利益，采取的手段也具有一定的欺骗性。滥用会计职业判断虽然有时表现为

---

❶ 陈少华．防范企业会计信息舞弊的综合对策研究．北京：中国财政经济出版社，2003：8-11．

形式上遵循了会计准则，但实质上却背离了会计准则的实质和精神，是一种违规行为。因此，笔者认为，滥用会计职业判断是一种会计舞弊行为。

这个论断还可以从以下两个方面得到论证：

一是我国审计准则的规定。在"财务报表审计中对舞弊的考虑"准则中明确提出管理层通过凌驾于控制之上实施舞弊的手段主要包括：（1）编制虚假的会计分录，特别是在临近会计期末时；（2）滥用或随意变更会计政策；（3）不恰当地调整会计估计所依据的假设及改变原先作出的判断；（4）故意漏记、提前确认或推迟确认报告期内发生的交易或事项；（5）隐瞒可能影响财务报表金额的事实；（6）构造复杂的交易以歪曲财务状况或经营成果；（7）篡改与重大或异常交易相关的会计记录和交易条款。其中的第二种和第三种手段都属于滥用会计职业判断的范畴。

二是美国安然公司舞弊案的启示。美国安然公司（Enron Corp）曾在美国500强公司中排名第7，1995年起被《财富》杂志评为"最富创新能力"的公司，连续6年排名居于微软、英特尔这些大公司之前。但正是这样一个备受业界瞩目的超级公司，于2001年12月2日正式申请破产，它是美国有史以来最大规模的一宗破产案。安然公司的股票价格在2001年初最高曾达到90美元，而申请破产时股票价格一落千丈至50美分。安然在财务方面存在的问题主要体现在四个方面❶：第一，安然以复杂的财务结构掩盖存在的问题。为支持安然爆炸般的增长速度，与安然复杂的公司网络和关联交易一样，安然的管理层创造出一套非常复杂的财务结构，不仅一般投资者无法看懂，就连华尔街的分析师和会计学教授都难以解读。安然利用复杂的财务结构，肆无忌惮的虚构利润，隐匿债务。第二，在会计处理上，安然率先采用了一些技术，使公司能够

---

❶ 此处主要参考了文章"安然事件及其启示"，见 http://www.cicpa.org.cn/news/newsaffix/2234_200313_13.htm。

记录尚未创造收入的长期合同的盈亏资料。例如,安然采用了一种叫"盯市(mark-to-market)"的会计制度,这种会计制度允许安然和其他能源类公司从账面上提高其当期净收益,而这些合同在10年或更长的时间内不一定能够实现。同时,这种会计制度还规定,公司可以不披露如何对订单进行估价的细节,也可以不披露收益的多少来自这种非现金收益。有会计专家认为,由于能源类产品订单变化很大,因此,以没有规定的方法对其进行估价,这给安然公司造假提供了很大的空间。第三,安然公司自定会计条目。为了降低其财务报表的负债额,安然通过所谓的"特殊目的实体(SPE)"等方式,增加了不记入资产负债表的交易业务。第四,安然钻了美国公认会计准则(GAAP)的空子,在财务报表中不如实反映负债。根据 GAAP 的规定,对于股权不超过 50% 的子公司,无须合并其会计报表。安然的结构非常复杂,层级很多,对很多层级较低的公司,安然拥有的股权比例很低,但实际上都受其控制,而这些子公司的负债在安然本身的资产负债表中体现不出来。这种做法大大降低了安然的资产负债率。可见,安然公司主要是利用了美国会计准则的漏洞,特别是利用了美国准则过分规则化的倾向,通过形式上合法而实质上与经济实质相违背的手段,操纵账目,粉饰财务报告,进行"数字游戏",其实质就是会计职业判断的滥用。但是最终安然公司被判为会计舞弊,并因此受到了严厉的惩罚。2006 年 5 月,美国陪审团对安然公司丑闻中的两位前高管作出裁决,前董事长肯内斯·雷(Kenneth Lay)的所有 6 项罪名成立,其中包括银行欺诈和财务报告舞弊罪,前首席执行官杰夫瑞·斯基林(Jeffrey Skilling)的 28 项指控中,共有 19 项罪名成立。其后,休斯顿地区法官绥姆·雷克作出判决:美国安然公司前首席执行官 Jeffrey Skilling 被判处了二十四年零四个月监禁。这是安然公司案中被判刑最重的。而前任董事长肯内斯·雷在宣判后不久去世。❶ 从安然公司舞弊案,我们可以得出有益的启示:滥用会计职业判断就是财务舞弊。

此外,将滥用会计职业判断作为舞弊加以惩罚,可以给那些企图通过滥用会计职业判断而又不愿承担相关责任的人以严厉的警示。我国新颁布实施的企业会计准则借鉴了国际会计准则的做法,采取原则导向,大大减少了一些具体"界限"规定,更加注重经济实质而非法律形式,这有利于加强企业管理当局和会计人员以及审计人员的法律责任。通过这种方式,可以大大减少"借职业判断之名,行会计造假之实"的会计操纵行为,有利于会计信息质量的提高。

第六节 会计人员职业判断与经营者职业判断的关系

一、会计人员职业判断与经营者职业判断的联系

(一) 会计人员职业判断是经营者职业判断的基础

会计人员是企业中从事会计工作的主体,会计人员的职业判断构成了会计职业判断的主要内容,绝大多数会计职业判断都是由会计人员作出的,会计人员职业判断水平的高低直接影响了会计信息的质量。经营者由于受到时间、经历、专业等方面的限制,在会计职业判断中往往只针对事关企业发展全局的重大问题施加判断与决策。在经营者实施判断时,一般都是由会计人员首先拿出自己的判断或者提供几种不同的方案供经营者决断。因此,会计人员的职业判断是经营者职业判断的基础。

(二) 经营者监督会计人员的职业判断

经营者需要组织企业的生产经营活动并对经营结果负责,当然

---

❶ 参见 http://media.news.hexun.com/1659014.shtml; http://news.sina.com.cn/w/2006-10-24/095811318695.shtml。

也必须对会计工作的结果负责。会计人员的职业判断是会计人员日常工作的重要组成部分，会计人员是否具备胜任能力、是否工作努力、有无机会主义行为等，都会对会计职业判断产生影响。经营者有责任和义务对会计人员的工作，包括会计职业判断进行监督。而且，经营者还必须对会计人员职业判断的结果负责。

（三）两者既分工合作，又相互制约

会计人员与经营者在会计职业判断中，各有所长，各有侧重，分别在各自的范围内做出判断。同时，两者之间又有合作，共同完成整个会计判断工作，最终形成财务报告信息。两者在会计工作中还存在相互制约的作用。由于具有专业上和信息上的优势，会计人员作出的职业判断建议会对经营者的职业判断产生重大影响。在涉及具体判断项目时，如果经营者的判断偏离有关的会计法律法规，会计人员应根据会计法律、法规予以指出。经营者作为会计人员的上级，本身就有权监督会计人员的工作。因此，会计人员与经营者在会计职业判断中形成了既分工合作，又相互制约的关系。

二、会计人员职业判断与经营者职业判断的区别

（一）职业判断的内容不同

会计人员是企业会计工作的具体执行者，在日常会计工作中需要作出大量的会计判断。这些判断包括：按确认环节可分为会计确认中的判断、会计计量中的判断、会计记录中的判断、会计报告中的判断等；按确认的具体对象分为会计原则中的判断、会计政策选择中的判断、会计估计中的判断等，其判断内容涉及了会计工作中的所有方面。经营者是企业的管理者，其职业判断主要集中在会计政策的选择与重大会计判断的决定权上。

（二）职业判断的侧重点不同

会计人员的职业判断的侧重点是会计工作中的日常业务，一般性的会计职业判断，会计人员有权自主决定其结果并予以实施，但对于重大的会计职业判断，会计人员则须向经营者提出初步判断意见或

几种可供选择的方案，其最终决定权应由经营者作出。会计人员的职业判断专业性与技术特色较强，需要会计人员具有较高的专业知识水平与专业技能。经营者职业判断的侧重点是事关企业整体利益的重大判断事项，通常会涉及不同利益相关者的利益冲突，技术性与专业性相对较弱，但需要经营者具有大局观、协调能力与决断能力。

（三）职业判断的道德风险不同

会计人员属于企业人力资源中的"生产者"，一般只获得固定的工资收入，在职业判断中存在的道德风险主要是偷懒、不努力工作，一般不存在主观生产虚假信息的动机（除非在经营者的指使、强迫、诱惑下），其导致的结果一般是低质量的判断。在企业契约中，经营者拥有企业的剩余控制权和部分的剩余索取权，在报酬契约中，经营者会按经营业绩获得一定的报酬，这样，经营者便有动力去生产并披露失真的会计信息，以提高自身的收益。又由于委托者与经营者之间存在信息不对称，经营者就有动机利用信息优势，在职业判断中通过滥用职业判断来实现自己的目标。因而，企业经营者职业判断的道德风险主要是滥用职业判断的风险。

第七节 会计人员与经营者在会计职业判断中的博弈分析

在会计职业判断中，存在两个判断行为主体：会计人员与企业经营者。企业经营者与会计人员职业判断的行为选择，构成了一种博弈。研究企业经营者与会计人员职业判断行为之间的博弈及其均衡，对我们寻找提高会计职业判断质量的途径具有重要的意义。

企业经营者与会计人员作为不同的行为主体，各自有着自己的利益驱动和行为动机。由于人的有限理性和机会主义倾向，经营者和会计人员都有动机利用职业判断实现个人的效用最大化。经营者和会计人员之间也形成一种委托代理关系，存在信息不对称的情况。两者之间的博弈分析，按谁先采取行动可分为两种类型：第一种类型是经营者先采取行动,会计人员后采取行动;第二种类型是会计人员先采取行动,然后经营者采取行动。

一、经营者先采取行动的博弈分析

我们首先分析第一种类型,经营者先采取行动行动,会计人员后采取行动。经营者可能采取两种策略,一种是从企业整体利益出发作出恰当的选择,一种是采取机会主义行为选择,滥用职业判断选择权以谋求私利。当经营者作出恰当判断时,会计人员也会有两种选择:执行或不执行,但由于会计人员的身份和经营者行为的合理性,会计人员只能会选择执行。当经营者作出不恰当的判断时,会计人员就会有两种选择:合谋(执行经营者的判断)或者不合谋(拒绝执行经营者的判断)。在会计人员不合谋、作出拒绝执行选择后,经营者也会有两种选择:处罚会计人员和不处罚会计人员。博弈情况如图2-2所示。

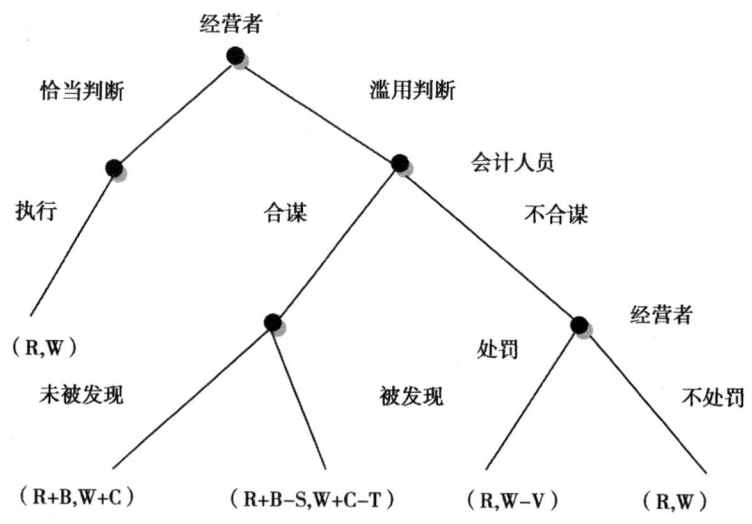

图2-2　经营者与会计人员的博弈分析1

具体分析如下：当经营者作出恰当的判断时，会计人员执行经营者的判断，此时，经营者获得报酬 R，会计人员获得报酬 W。当经营者滥用职业判断时，会计人员有两种选择，一是与经营者合谋，经营者由于滥用职业判断会得到额外的收益 B，但也有可能被发现而受到惩罚的代价为 S，假定被发现并受到惩罚的概率为 p，此时经营者的预期收益为 R + B − pS；会计人员由于合谋也会得到额外的好处 C，但也有可能被发现并受到惩罚的代价为 T，概率同样为 p，此时会计人员的预期收益为 W + C − pT；二是不与经营者合谋，拒绝作出不恰当的处理，这时经营者又会有两种选择，处罚会计人员或不处罚会计人员，假定由于处罚会计人员会付出代价 V，处罚不处罚会计人员经营者的收益都不变，仍为 R，但由于会计人员没有服从经营者的指令做事，使得经营者丧失了潜在的收益，并且自己的权威也受到挑战，这会给经营者带来负效用。因此，经营者选择处罚会计人员是其理性选择，假定经营者处罚会计人员的概率为 q，并且处罚的力度一般还不小，会计人员将面临被降级、降职甚至丢掉工作的危险，故 V 一般较大。当经营者滥用职业判断时，会计人员与经营者合谋时，由于被发现并受到惩罚的概率 p 一般较小，而受到的处罚 T 也很有限，因而将会得到额外的预期净收益 C − pT。所以，我们可以合理推断，当经营者滥用职业判断时，会计人员的理性选择就是与之合谋，共同在损害外部人的机会主义行为中牟取利益。

二、会计人员先采取行动的博弈分析

在第二种类型下，会计人员先采取行动，经营者后采取行动。会计人员可以作出恰当的职业判断，也有可能采取机会主义行为作出不恰当的职业判断，即会计人员利用自身的专业优势和信息优势，作出对己有利而对其他方不利的判断与选择。其中不恰当的职业判断又可以分为两种情况，不恰当判断 1 为纯粹谋求个人利益而有损于经营者和其他方的判断，不恰当判断 2 为对其自身和经营者都有利但有损于企业外部利益人的判断。我们下面逐一展开分析,见图 2-3。

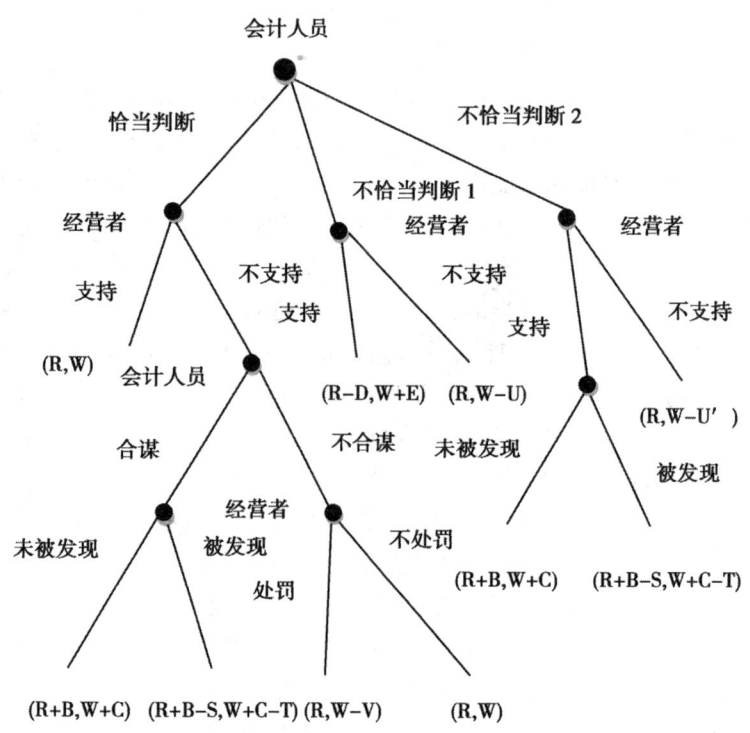

图 2-3　经营者与会计人员的博弈分析 2

第一种情况:会计人员采取恰当的判断,此时,经营者会有两种选择,一是支持会计人员的判断,二是不支持会计人员的判断。当经营者支持会计人员的判断时,经营者获得收益 R,会计人员获得报酬 W;当经营者不支持会计人员的恰当判断时,就意味着经营者将会授意会计人员滥用职业判断,这就与前面分析的经营者滥用职业判断的情况类似,笔者不再讨论。

第二种情况:会计人员为谋求个人利益而作出有损于经营者和其他方的不恰当判断。在此情况下,经营者可能会因为未发现会计人员的机会主义而支持会计人员的决定,此时,经营者利益受损为 D,会计人员则会获得额外收益 E;当经营者发现会计人员的机会主义行为时就会修改会计人员的判断,此时,经营者的报酬仍为 R,但会计人员将会受到严厉的惩罚为 U′。

第三种情况:会计人员为谋求个人利益而作出有利于自己与经营者但有损于外部其他方的不恰当判断。在此情况下,经营者很可能会为谋求个人利益而支持会计人员的判断,这用情况也类似于前面分析的经营者与会计人员合谋滥用职业判断,在此也不再赘述;经营者也可能会坚持原则,不支持会计人员的判断,此时,经营者的报酬认为 R,但会计人员将会受到惩罚为 U。

下面,笔者将对经营者无机会主义动机而纯粹由会计人员不恰当使用会计职业判断的情况展开分析。此时,会计人员与经营者的博弈分析如图 2-4 所示。

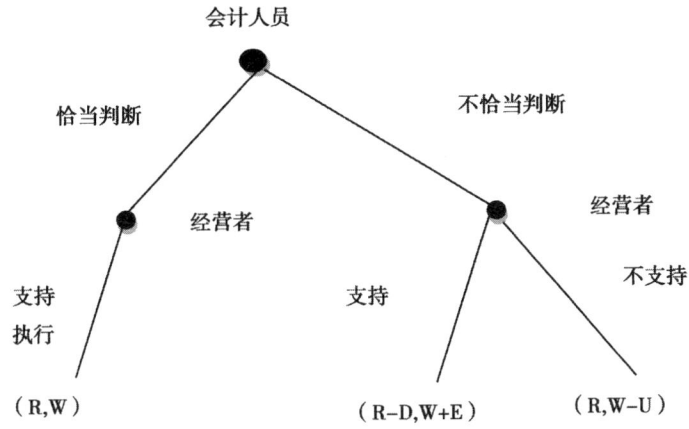

图 2-4　经营者与会计人员的博弈分析 3

当会计人员恰当判断时,经营者就会支持会计人员的判断,此时,经营者与会计人员的报酬各为 R 与 W;当会计人员采取不恰当判断时,经营者发现的概率为 β,如果没有被发现,会计人员可以获得额外报酬 E,如果被发现,则会受到处罚 U。那么,在这样的条件下,会计人员是否会采取不恰当判断的机会主义行为呢?我们可以计算一下会计人员的采取不恰当判断的期望收益:$(W+E)(1-\beta)+(W-U)\beta=W+E-\beta(E+U)$,当$E-\beta(E+U)>0$时,即当$\beta<E/(E+U)$时,会计人员就有动机去实施机会主义行为。

会计人员采取什么样的策略,关键取决于经营者的态度。如果经营者采取机会主义的态度,那么理性的会计人员就会选择与之合谋。当经营者站在客观公正的立场上开展会计工作并进行会计监督时,会计人员是否采取不恰当的会计判断就主要取决于采取不恰当判断所获得的额外收益 E,被发现受到的惩罚 U 以及被发现的概率 β。

三、小结

在经营者与会计人员的职业判断博弈中,经营者处于优势地位,会计人员处于弱势地位。会计人员采取什么样的策略,关键取决于经营者的态度,会计人员一般会根据经营者的行动方案或根据经营者的意图作出自己的行动选择。如果经营者采取机会主义的态度,那么理性的会计人员就会选择与之合谋。当经营者站在客观公正的立场上开展会计工作并进行会计监督时,会计人员是否采取不恰当的会计判断就主要取决于采取不恰当判断所获得的额外收益、被发现受到的惩罚以及被发现的概率。

第三章　企业会计准则与会计职业判断

会计准则的出现，是会计发展史上具有里程碑意义的事件。随着会计准则的不断发展与完善，会计理论才逐渐走向成熟，会计实践也得以有序发展。会计职业判断是随着会计准则的出现才日益受到人们关注的。会计职业判断应当在遵循会计标准（主要指会计准则）的基础上进行，所以高质量的会计准则是进行会计职业判断的前提条件。而在一定程度上说会计准则是一种集体会计职业判断，当会计准则制定各方对某一会计事项的判断达成共识时，就会将会计职业判断上升为会计准则。对会计准则和职业判断之间关系的理解是理解准则作用的核心。新的企业会计准则颁布实施后，会计职业判断的深度、广度都有所增加，会计职业判断呈现出一些新的特点和趋势。这些都值得我们深入加以研究，以期采取有针对性的措施不断提高会计职业判断质量。本章首先对会计准则与会计职业判断的关系进行了分析，然后阐述会计职业判断在新企业会计准则应用中的特征。

第一节　会计准则与职业判断的关系

一、会计准则为职业判断提供了制度边界

会计准则对职业判断的积极作用在于它为职业判断提供了一个框架。正如科恩委员会所述，"判断应在现有的会计框架中进行，

而非独立于框架"❶。会计职业判断是会计人员和企业经营者在遵循会计法律、法规的前提下进行的。如果没有会计标准（主要指会计准则）的约束，会计职业判断就无规可循，会计职业判断就会演变成会计人员的随心所欲的选择。会计人员必须在会计准则规范的范围内，运用专业知识与有效经验对需要作出判断的事项进行综合、细致的分析，从中作出合理的选择。所选择的企业会计政策，必须符合会计准则（会计制度）的精神实质。

会计准则提供的制度边界也是在不断变化的。在会计实务中，对同一会计事项，往往存在若干会计处理方法，企业管理当局与会计人员作为"理性"的经济人，就会从自身利益最大化或"期望效用最大化"出发作出与己有利的选择。这就会不可避免地引起会计信息的不可比，缺乏一致性，降低会计信息的质量。为了有效地发挥会计信息的作用，会计准则制定部门就会通过减少可供选择的会计处理方法，缩小可供选择的空间来提高会计信息的可比性，从而会减少对某些选择的职业判断需求。但是，随着经济的不断发展，经济环境日趋复杂，新事务、新问题、新情况不断涌现，为了能够更好地反映经济业务的经济实质，会计准则的制定基础有从"规则导向"向"原则导向"转变的趋势，这又会增加对职业判断的需求。

二、会计准则作用的发挥依赖于判断

会计准则作用的发挥需要一个良好的会计标准执行机制。长期以来，会计标准一直承受着改进的压力，以期满足高质量会计信息的需求。但高质量的会计标准并不一定能产生高质量的财务披露，单纯强调会计标准于事无补。"制定会计准则只是认识世界的阶段，

---

❶ ［加］迈克尔·杰宾斯，［加］阿里斯特·K. 梅森. 财务报告中的职业判断. 北京：经济科学出版社，2005：44.

执行会计准则才是改造世界的阶段"。❶ 迄今为止，尽管会计准则制定机构就改进会计标准做了种种努力，但会计信息的质量仍没有达到社会期望的水平。冯淑萍（2003）指出："我国会计标准的具体执行还存在一定的问题。一个制定得再好、再完美的、与国际会计标准协调的会计标准，如果难以执行或者得不到有效执行，那就成了一纸空文。"❷ "会计标准本身的国际化与强化会计标准的执行机制应当并举……它们是我国会计改革和会计标准国际化进程中的两驾马车，应当并行不悖"。❸ 会计准则的执行机制是强制执行机制和自我执行机制的耦合体，包括会计准则强制执行机制和自我执行机制两个层面。作为准则的直接执行者和最终执行者的会计人员，不但是准则自我执行体系能否有效运行的关键所在，也是经过会计准则执行体系生成的会计信息是否具备"真实与公允"性质的关键所在。

会计职业判断是会计准则执行体系有效运行的关键所在。没有了职业判断，会计准则的执行就是一种盲目的、机械的执行，所产生的会计信息质量必然是低下的。职业判断如果没有得到恰当运用和有效行使，则由判断形成的会计信息就会失真，进而误导会计信息使用者的决策。因此，要想实现会计准则的制定目的，充分发挥会计准则的作用，就需要会计职业判断的合理和有效运用。

三、会计准则是用一种集体判断代替个人判断

会计准则从一定意义上来说，是用一种集体判断代替了职业人士的个人判断。"……每一项会计准则都是个人意见或判断的替代品，这就是准则存在的意义"。❹

---

❶ 林钟高，徐虹. 会计准则研究 性质、制定与执行. 北京：经济管理出版社，2007：408.
❷ 冯淑萍. 关于我国当前环境下的会计国际化问题. 会计研究，2003，2：7.
❸ 冯淑萍. 关于中国会计标准的国际化问题. 会计研究，2001，11：18.
❹ [加] 迈克尔·杰宾斯，[加] 阿里斯特·K. 梅森. 财务报告中的职业判断. 北京：经济科学出版社，2005：40.

第三章 企业会计准则与会计职业判断

从会计准则的发展历程看,在会计准则产生之前,会计核算的账务处理主要依靠会计人员的专业知识、经验、行业惯例等,即主要依靠会计人员的个人判断做出的。但不同的会计人员判断能力、考虑问题的出发点和角度不同,在会计处理过程中往往随心所欲,招致会计信息缺乏一贯性、可比性和可理解性,引发了会计秩序的混乱。社会各界认识到必须产生一个统一的标准来规范会计实务,会计准则就应运而生了。准则制定过程要经历会计准则的征求意见稿、意见反馈、再修改、再反馈等一系列的环节,其中凝聚了许许多多会计理论界和实务界人士的意见和建议。因此,会计准则是集体智慧的结晶,是集体判断的结果。会计准则的制定遵循了严格的程序,并且各式各样的富有学识和经验的人参与其中,准则所得到的对问题的解决方法应该比会计人员按他们自己的判断所能得出的解决方法更好。"准则为判断设定了一个底线,提高了判断的平均质量。准则也许代表了一种解决普遍存在的判断问题的有效的方法"。❶

准则的制定过程是一种取得对共有的问题的一致解决方法的过程,而准则本身则是这种方法传播的载体。在新准则发布之前,职业人士的职业判断给出暂时的解决方法,新准则也由此得以提炼,并最终经过一定的法律程序上升为强制执行的会计标准;在准则实施过程中,职业判断是广泛的、多样化的实验,从而使准则可以经受实践的考验,如果会计准则在实施过程中,经过会计职业判断的不断运用,能够提高会计信息的质量,则证明会计准则的合理性;职业判断创造了创新的机会,会计准则被不断地修订、完善。在会计职业判断过程中,可能会发现现有准则的某些规定已经失效或不合时宜,未能有效发挥作用,就会形成反馈从而产生修订原有准则的需求,或者出现新事务、新情况而职业判断"无规可依"时就会

---

❶ [加]迈克尔·杰宾斯,[加]阿里斯特·K.梅森.财务报告中的职业判断.北京:经济科学出版社,2005:41.

产生对新会计准则的需求。

四、职业判断和会计准则既相互支持，又相互制约

会计准则是成文的职业智慧，会计准则的诞生是会计发展史上的具有里程碑式的事件。"准则就好像滑雪场的安全栏，虽然它们减少了刺激，却使得几乎所有的滑雪者不溜出场外，免于灾难。"❶ 会计准则的产生使得会计职业判断有规可循，极大地促进了会计信息质量的提高，有力地促进了会计学科的发展。同时，会计准则作用的有效发挥也离不开会计主体职业判断的合理运用。

"判断是一个人为的过程，并不完美；准则是人为产物，也不完美……这两种不完美的方向是否相反，从而使这两种不完美的程度相互削减，或这两种不完美相互加剧，使得它们都更严重。"❷ 事实上，会计准则的制定与发展是公司经理、股东、中介机构、准则制定者、学者和政府等不同的利益团体基于不同的动机博弈的结果。会计主体在实施职业判断时，也不可避免地受到专业知识、职业经验、职业道德、需求动机以及企业组织结构与公司治理结构等诸多方面的影响。会计准则与会计职业判断是相辅相成的，会计准则为职业判断提供了判断的依据和有效的制度框架，有利于正确引导会计主体的职业判断；同时，通过会计职业判断经验的不断积累，将成熟的会计职业判断上升为会计准则，可以不断完善会计准则。

"职业判断和职业准则是同一系统的两个方面，一枚硬币的两面。"❸ 职业判断和会计准则就像一对孪生兄弟，形影不离。它们相互支持，又相互制约，共同作用于会计信息的生成，对会计信息质量产生重要影响。

---

❶ [加] 迈克尔·杰宾斯，[加] 阿里斯特·K. 梅森. 财务报告中的职业判断. 北京：经济科学出版社，2005：41.

❷ 同上书，P40。

❸ 同上书，P44。

第二节　会计准则的制定模式与会计职业判断

会计准则的制定模式主要有两种：规则导向的会计准则与原则导向的会计准则。"安然"事件发生后，越来越多的人质疑美国以规则为基础的会计准则，在技术上为公司造假事件提供了方便，从而引发了人们对会计准则制定模式的讨论。

一、规则导向的会计准则与会计职业判断

规则导向的会计准则实质上是一种以规则为主、原则为辅的混合模式会计准则。除了给出某一对象或交易、事项的会计处理、财务报告所必须遵循的原则外，它还力图考虑到原则适用的所有可能情况，并将这些情况下对原则的运用具体化为可操作的规则。这种模式的准则体系由会计准则及众多的解释公告、实施指南等组成，试图详述每一种假定情境下的恰当的会计处理方法，以减少会计职业判断，增强会计信息的可比性。美国公认会计准则是以规则为基础的会计准则的典型代表。但是，安然事件发生后，以规则为基础的会计准则以及它试图消除会计职业判断的特点暴露了众多负面作用。"安然事件证实了美国会计准则，严重依赖于细致详尽的规则，而非广泛的原则和合理的职业判断，导致了公司的破产。"[1] "会计准则变得越来越庞大和详尽，以至于替代了职业判断在会计报告中的作用，可能已经达到了一种危险的程度。"[2] 从理论上看，以规则为基础的准则试图缩小会计职业判断的范围，从而增强会计信息的可比性，但事实上这种"企图"在现在的经济环境下是不可能实现的。准则制定者不可能识别和预见所有可能出现的业务状况，无论看似多么详尽和完善的准则也不能囊括所有的情形，所以详尽的

---

[1] Dale Gislason. Accounting standards–setting reform. CGA Magazine, 2002, 4: 5-6.
[2] Ron Paterson. Better standards after Enron? Accountancy. 2002, 3: 100.

规则永远代替不了会计职业判断；相反，准则越是详细、严格，针对公司的实际情况的适用性越低。会计准则中的界限检验不仅不能抑制会计职业判断，反而可能误导会计职业判断。更让人担忧的是，会计职业者可能恶意运用界限检验，通过小小的改动使交易类型落入其希望的那一边，达到人为操纵会计处理方法的目的。过多的规则会诱使会计职业者过分关注准则的细节规定，而无暇运用所拥有的知识和能力，来认识和反映交易和事项的经济实质，更忽视对财务报表整体公允性的判断，使得财务报告成为遵从法律规定的行为，这违背了会计的目标。

规则导向准则下产生的会计信息侧重于可靠性，准则对交易和事项的会计处理作出详细规定，企业会计师及审计师（会计准则执行者）不需要很多的职业判断、专业能力。此外，规则导向也不需要很高的职业操守，因为相对原则（目标）导向来说，提供给会计主体专业判断的空间较小，准则管得比较死，没有灵活余地，避免企业管理当局利用会计估计及会计政策实施机会主义行为。但是，规则导向的关键缺陷是，企业管理当局可以通过改变经济行为的形式来粉饰会计报表，而且规则导向的会计准则管得比较死，在一定程度上妨碍了企业主体（报表编制者）专业判断的发挥，影响了会计信息的相关性。

二、原则导向的会计准则与会计职业判断

现行的国际会计准则为典型的原则导向的会计准则，实质上是一种以原则为主、规则为辅的混合模式的会计准则。这种模式的会计准则仅针对某一对象或交易、事项的会计处理、财务报告提出应遵循的原则，并不排除对解释和执行指南的需要，但并不力图回答所有问题或对每种可能情况均提供详细规则。SEC为区分于其他人的研究成果，则称之为目标导向型的会计准则，并为其下了定义："最佳的以原则为基础的会计准则包括一个关于主要会计原则的简明扼要的陈述，在这些陈述中会计目标是会计原则的一个重要组成

部分，并很少有（如果有的话）与这些原则例外或不一致的地方。此外，准则应该根据交易的种类和实质提供足够的实务指南但应避免界限检验。最后，此准则还应符合并且来源于具有一致性的财务会计概念框架。"❶ SEC 还认为它应具有如下特征：建立在经改进并一致应用的概念框架基础之上；明确指出准则的会计目标；提供充分的细节和结构，使准则能够得以一致的实施和应用；尽量减少准则中的例外情况；避免使用使得财务工程师能够在技术上遵循准则，却在实质上规避准则的"明界"。

原则导向的会计准则原则性较强，留有较大的会计职业判断空间。与规则导向准则比较而言，它具有相对优势：其一，原则导向会计准则建立在经改进并得到一致应用的财务会计概念框架基础上，能提高财务报告使用者对该概念框架的理解，进而增强财务报告使用者解读会计报表信息的能力。其二，原则导向会计准则很少提供例外和"明界"，从而降低了通过"交易设计"和"组织创新"规避准则的可能性。其内容比较简明，更容易理解，灵活性较强，适用范围较广，从而减少了准则的制定和执行成本。其三，原则导向会计准则的原则性较强，准则的准确运用在很大程度上取决于财务报告编制者和审计师"公允"的职业判断，这无疑增大了他们的法律责任。法律风险的增大，迫使会计信息提供者和鉴证者更加注重经济活动的实质而非形式，更加谨慎地处理经济业务，从而确保会计信息的高质量。其四，采用原则导向会计准则，有利于会计准则的国际协调，减少了会计准则国际趋同的成本。

原则导向准则下产生的会计信息侧重于相关性，它要求企业管理当局在财务报表中体现交易和事项的经济实质。这样就最大程度地避免了会计准则被别有用心的企业通过组织设计与交易策划所规

---

❶ 美国证券交易委员会著. 对美国财务会计报告采用以原则为基础的会计体系的研究. 财政部会计司组织翻译. 北京：中国财政经济出版社，2003：10.

避，但要达到这个目标，需要企业会计主体及审计师具有较高的职业判断能力和职业操守，只有较高的职业判断能力，才能理解交易与事项的实质；只有较高的职业操守，才能保证会计处理与准则目标保持一致。原则导向会计准则能产生更公允、更真实的会计信息，可以提高财务报表的信息含量。

实际上，无论采用哪一种模式，会计职业判断都是不可避免的。正如美国会计学会（AAA）会长彼得·威尔逊（Peter Wilson）在浙江财经学院就会计监管等问题的演讲时所指出的：原则和规则都需要，关键是确定原则和规则各占多少比例，如何达到平衡。例如，在高速公路上，仅仅作出不准开快车的原则是不够的，但是如果要具体规定晴天、雨天、下雪天和有雾天的行车速度，并且对不同等级的公路规定不同的速度，规则可能就不胜其烦，谁也记不住，监管反而失效。从某种意义上说规则是尽量减少会计职业判断空间，而原则是尽量给予会计职业判断空间。所以，规则导向的会计准则试图用详细的规则消减会计职业判断；原则导向的会计准则注重鼓励并引导会计职业判断。

从美国会计准则的历史看，1973 年以前美国的会计准则体系奉行的是"原则导向法"，1973 年成立 FASB 以后至《萨班斯法案》出台之前采用的是"规则导向法"，而《萨班斯法案》的出台则意味着美国会计准则体系对"原则导向法"的回归。FASB 在 2002 年 10 月 21 日发表了《以原则为基础制定美国会计准则的建议书》，SEC 于 2003 年 7 月 25 日公布了名为"对美国财务报告采用以原则为基础的会计体系的研究"的研究报告。这都表明了鼓励并适当引导会计职业判断的原则导向（或目标导向）的会计准则，将会是会计准则的发展趋势。

会计准则的制定模式发展表明，会计职业判断越来越成为会计职业的精髓与灵魂。

第三节 会计准则与会计职业判断的空间

随着会计准则的不断完善和可供选择的会计处理方法不断减少，会计职业判断的空间在某些方面有缩小的趋势，但随着日趋复杂的经济交易与事项又有扩大的趋势。总体而言，会计职业判断的空间不仅没有缩小，反而有所加大，会计职业的价值也不断得以提升。

从世界各国准则包括国际财务报告准则制定的实践来看，在准则制定过程中，有一种趋势，力图减少可供选择的会计处理方法，以减少企业管理当局进行盈余管理甚至利润操纵的空间。比如，对于企业合并的业务处理，购买法和权益结合法是合并会计实务中的两种基本处理方法。这两种方法适用范围不同，各有优劣，长期以来有关它们的争论一直存在。近年来，继澳大利亚、加拿大和美国分别禁止使用权益结合法后，经改组的国际会计准则理事会（IASB）在其发布的《国际财务报告准则第3号——合并会计》中，也取消了权益结合法。购买法已成为世界两大会计准则体系进行合并会计处理的唯一指定方法。随着可供选择的会计处理方法的减少，会计职业判断的空间也就会相应的缩小。

但是，会计职业判断随着经济的发展而更受重视，又有不断扩大的趋势。一方面由于会计准则无法对所有企业可能发生的交易事项进行详细的规范；另一方面，留给企业更广阔的选择空间，有利于增强企业的个性化、灵活性、弹性和及时性。而且，随着经济的不断发展和科技的飞速演进，新事务、新问题、新情况不断出现，例如，衍生金融工具的大量涌现、虚拟经济的快速发展，特别是公允价值的广泛采纳，为会计理论与实务提出许多新的课题，这无疑会大大加大会计职业判断的空间。会计职业判断可以作为衡量一个国家会计职业界力量、规模和能力的尺度，也是衡量一个会计主体执业水平的标准。留有会计职业判断空间非但不会降低会计信息质量，反而能够提高会计信息的相关性和可靠性。会计主体根据企业内、外部的实际情况做出判断，选择合适的会计处理方法，而不必拘泥于特定的规定中，能够增加会计信息的相关性；同时，原则导向的会计准则有利于突破过多的"界限"检验，以反映经济业务的实质而非其形式，提高会计信息的反映真实性，从而增强信息的可靠性。所以，会计职业判断空间的不断扩大将是一个长期趋势。

准则的发展就如同一个人的成长，当它处于婴幼儿及少年等无民事行为能力时期，明确的、无弹性的规则是最好的准则；当其成年后，原则的、有弹性的规则则是最好的准则。人总要从幼儿、少年长到成年，这是不可抗拒的自然规律。而会计准则的发展也有这样的规律，即会计职业判断的空间会呈扩大的趋势而非缩小的趋势，即使有时出现缩小的趋势也是暂时的。[1] 总之，会计职业判断的空间是扩大与缩小两种趋势并存，但总的趋势是不断扩大的。

第四节 我国会计标准的制定与会计职业判断

在我国，会计职业判断从避免使用到被滥用，再到尽量限制使用，最后到被正视并鼓励使用，会计职业判断日益成为会计职业的精髓与灵魂。

在高度集中的计划经济体制下，我国的会计采用的是会计核算制度模式。企业所需资金由国家拨给，实现的利润也由国家分配，由于企业的资金收支被直接纳入国家财政收支的轨道，企业会计只是为国家对企业实行直接管理服务的。在这种情况下，财政政策决定财务方针，财务方针决定会计方法，基本不需要进行会计职业判断。1993年"两则两制"之后，一方面，随着经济体制的改革，企业自主权的加大，交易或事项越来越多样化和个性化，需要会计

---

[1] 张世兴等. 从会计准则的未来发展看会计职业判断. 税务与经济，2003，5: 37–40.

职业判断；另一方面，我国会计开始采用会计准则模式，会计准则中有关会计确认、计量、报告的标准和要求，从理论上和制度上为会计职业者根据会计准则独立作出判断提供了可能性。但由于准则的不完善，相关法律、法规不配套以及存在一些制度性的缺陷，导致在会计职业判断的过程中，出现滥用职业判断进行盈余操纵的现象。例如，很多上市公司利用减值准备、公允价值等提供的判断空间等进行利润操纵，扭曲地反映了企业经营成果和财务状况。因此，政府监管部门及时修订了会计准则（会计制度），限制了公允价值的利用，从而也在一定程度上限制了会计职业判断的运用❶。

近年来，在会计国际化不断向前推进、加入 WTO 相关承诺兑现的背景下，我国的会计标准逐步跟国际会计准则接轨，留给会计职业判断更广泛的空间。特别是 2006 年 2 月 15 日，财政部发布了由 1 项基本会计准则和 38 项具体会计准则以及应用指南组成的新会计准则体系，实现了与国际会计准则实质性的趋同。新会计准则以原则为导向，新增了生物资产、职工薪酬、资产减值、股份支付、政府补助、金融工具确认和计量、金融资产转移、套期保值等若干具体准则，填补了不少会计规范的空白，但与此同时会计准则的技术难度系数加大，会计自由裁量权加大，对会计人员的职业判断提出了更高的要求。特别是公允价值理念的全面推广和在具体准则中的适度运用，更是扩大了职业判断的空间，也加大了职业判断的难度。会计职业判断是会计准则国际趋同的必然趋势，也是新企业会计准则的精髓所在。鼓励并适当引导会计职业判断的以原则为基础的会计准则，将会是我国会计准则的发展趋势。

---

❶ 我国对公允价值的运用大致经历了"先用后弃"、"禁而又用"到"适度运用"等几个阶段。

第五节　新会计准则实施后会计职业判断的特征

新企业会计准则广泛借鉴吸收国际会计准则的先进成果，实现了与国际会计准则实质性的趋同；同时新准则也充分考虑我国的现实国情，在个别事项的会计处理上保留了我国的特色。新企业会计准则以原则为导向，留给了会计人员更多的判断与选择空间，加大了会计职业判断的范围、深度和广度。与新准则颁布之前相比较，会计职业判断呈现出以下特征。

一、新准则要求经营者更大程度地参与会计职业判断

新企业会计准则对会计职业判断提出了更高的要求，在很多方面单靠会计人员是无法完成会计职业判断的，这就必然要求企业经营者积极地参与到会计职业判断中来。比如，对于投资性房地产，在符合一定的条件下到底是采取公允价值模式计量还是采取历史成本模式计量？这属于企业的重大会计决策，其计量模式的选择将会对企业的损益和财务状况产生重大影响，因此，该项决策应该由经营者做出。再如，对金融工具的划分，到底应该划分为交易性金融资产，还是划分为可供出售金融资产抑或是持有至到期投资？这种划分主要是根据管理当局的意图做出的，经营者的职业判断起到决定性作用。经营者在更大范围内参与会计职业判断，可以提高会计信息的相关性，同时也有利于增加经营者的会计责任意识。经营者作为会计职业判断的主体之一，要明确自身的职责，在会计职业判断中既不"缺位"，也不"越位"，同会计人员一起努力做出公允的会计职业判断，以提供高质量的会计信息。

二、在会计确认中更加强调实质重于形式原则的运用

新会计准则体系明确将"实质重于形式"的要求作为会计信息质量的重要标准之一，即会计的确认不能简单地以经济业务的外在

表现形式或一般的法律形式作为依据，而是应该以经济交易或事项的经济实质作为会计的确认和计量的依据。实质重于形式原则对会计人员特别是高级财会管理人员提出了更高的要求，要求会计人员充分运用职业判断能力，不受经济交易和经济事项外在表象的迷惑，正确地作出判断并进行合理有效的会计确认和计量。

随着我国会计标准体系的不断完善、证券市场透明度的增加及监管力度的加大，企业的盈余管理出现新的特点，纯粹通过虚构交易进行利润操纵的越来越少，而更多的是利用会计赋予的自由裁量权对交易事项作出非公允的表达，从而误导会计信息使用者，这种手法在西方一般称之为"数字游戏"。这种方式的特点是本身并没有虚构或隐瞒交易事项，而是以职业判断为名、行会计造假之实。随着新企业会计准则的颁布与实施，银广夏式的直接造假手法已不是中国上市公司的典型造假手法，而以"数字游戏"为主的盈余管理则有可能大行其道。"在赋予企业管理当局更多的会计专业判断权的同时，导致会计魔法盛行，会计学校成为哈利·波特的魔法学校——这可以说是中国会计标准改革的副产品"❶。新企业会计准则强调实质重于形式原则的运用，赋予了会计主体更多的会计专业判断权，以力求更加准确地反映经济事项的本质，但我们必须采取有效措施加强监管，防范滥用会计职业判断行为的发生。

三、适度运用公允价值计量，加大了会计职业判断的难度

新企业会计准则，在全面树立公允价值理念的基础上，采取了审慎、务实的态度，谨慎、适度地运用了公允价值计量。公允价值从本质上讲是一种以市场为基础的估计价格。公允价值是站在独立于企业的主体的市场角度得出的市场价值，并强调价格的"公允性"。公允价值既可以基于实际交易也可以是假定的，隐含着对未

---

❶ 郑朝晖. 中国反会计数字游戏再出手_ 评证监会计字_ 2004_ 1 号文. 财务与会计, 2003, 3: 11.

来的假设和预测，需要对市场信息的分析、综合、预测和计算。这些信息可能是过去的、现在的，也可能是对未来的估计和假设，需要会计人员根据具体情况做出合理的估计与判断。所以，公允价值的计量更具复杂性和风险性，这突出体现在现值估价技术在会计计量中的应用上。

由于公允价值计量的复杂性和不确定性，所以加大了会计职业判断的难度。公允价值计量属性的应用给会计职业判断带入了一个新领域，使会计准则的执行者不但是会计报表的编制者，而且在一定程度上还应该是估价师，也使会计职业判断在价值评估中有所体现。会计人员与经营者应不断改善知识结构、提高能力素质，才能适应公允价值计量的要求。但我们也要谨防另外一种不良趋势的倾向，即过分强调会计的估计与判断，过分强调会计的主观性，使会计越来越变得像一门"艺术"（art）而不是一门科学。会计人员不可能也决不会放弃自身的基本职责，完全变为一个估价师，否则，会计就会走向歧途，就会丧失会计"过程的控制与观念的总结"的应有职能，会计职业也就失去存在的意义了。

四、要求充分披露相关信息，增加了职业判断的广度

新会计准则体系对会计目标进行了重大修正，明确提出了向财务会计报告使用者提供会计信息的目标，要求在充分披露企业的财务状况、经营成果和现金流量等有关信息的同时，反映其受托责任和有助经济决策的要求。新会计准则体系中增加了大量的会计披露的内容，信息的充分披露有利于增加会计信息的透明度，提高会计信息的决策相关性。例如，对于关联方关系，如果存在多层级投资控制关系的企业关联关系，而母公司不是最终控制方，还要披露该企业的最终控制方的名称。在披露内容方面，新准则取消了关联方交易未结算金额或比例的选择性披露，重新明确了企业必须披露的交易要素。企业还必须保证其披露的关联方交易是否公允。在会计信息的披露的过程中，存在着大量的会计职业判断内容，需要会计

人员与经营者广泛运用重要性原则做出合理有效的判断。

五、凸显了会计职业的价值，加大了会计职业的风险

新会计准则体系的许多内容引进了现代财务理论，确立了资金时间价值、实际利率法和资产计价理论，例如，在延期付款购买固定资产和无形资产、残值和弃置价值的估计、延期收款的经济业务、金融工具的确认和计量方面等，都大量采用时间价值和资产计价理论。❶ 这些实务处理都需要广泛的运用会计职业判断，会计处理不再是"按图索骥"，会计人员也有更多的机会参与企业的经营决策，会计人员在企业中的地位有所上升，会计职业的价值得到了进一步的提升。

会计职业判断的广泛运用在凸显会计职业价值的同时，也加强了会计主体的责任、加大了会计职业的风险。如果经营者与会计人员没有遵循会计职业道德规范的要求，为谋取自身利益或小集团利益，在会计职业判断中随意做出选择与断定，或者有意滥用会计职业判断以操纵利润，就会造成会计信息的失真。这必然会增加会计人员与经营者的职业风险。所以，会计职业判断的广泛运用是一把"双刃剑"，如果运用得当，将会提高会计信息的质量，提升会计职业的价值；反之，如果运用失当，将会降低会计信息的质量，同时也增大了会计职业的风险。

第六节 职业判断能否偏离会计准则

职业判断能否偏离会计准则？换一个角度来说，就是是否有一个高于会计准则的标准。如果存在的话，我们根据这一标准进行会计判断并作出账务处理时就可以偏离会计准则，得出的会计信息仍然可以得到社会各界认可。而世界上正存在着一个"真实与公允高

---

❶ 张鸣. 会计准则的历史与未来. 财会通讯（综合版），2006，11：7.

于一切（true and fair override）"的标准。

真实与公允是一个为世人所普遍接受的会计观念。在英国，这一观念体现了法律对会计的基本要求，构成编制财务报告的最终基础。1973年英国加入欧共体（EEC）后，欧共体在其1978年颁布的《第四号理事会指令》（The Fourth Council Directive）中更是把"真实与公允"作为评价财务报表的最高标准。美国注册会计师协会（AICPC）的有关审计准则和职业道德守则，以及我国的注册会计师审计准则，则从会计信息外部评价的角度要求注册会计师对企业财务报表的公允性做出判断。

对于真实与公允的性质，到目前为止尚没有一个确切的定位。在英国，真实与公允的要求是至高无上的，是财务报告的指导思想。因此，它对英国的会计实务具有强有力的和直接的影响。在具体判定会计报表是否符合真实与公允要求时，英国会计准则委员会（ASB）认为："尽管真实与公允的观点至高无上，但是，一般来说，只要能够遵守ASB发布或认可的会计准则，就能够提供真实和公允的观点。在少数例外情况下，为了提供真实和公允的观点需要背离会计准则时，也只需要披露发生背离的情况及原因即可。"国际会计准则委员会（IASC）于1989年公布的《编报财务报表的框架》第46条将"真实与公允/公允表述"作为财务报表质量特征的一项重要补充，并认为："运用主要的质量特征和适当的会计准则，通常可以产生表达一般所理解的真实和公允的财务报表，或是公允地表述信息的财务报表。"我国于2006年2月15日颁布的《中国注册会计师审计准则第1101号——财务报表审计的目标和一般原则》中指出，财务报表审计的目标是对财务报表的下列方面发表审计意见："财务报表是否在所有重大方面公允反映被审计单位的财务状况、经营成果和现金流量。"

从上述观点中，我们可以看出：真实与公允是对企业会计报表或会计信息提出的一项总体质量要求，由于这项要求体现了人们对会计报表或会计信息的最基本的要求，因而被认为是会计报表的最终判断标准，甚至是高于会计准则的一项至高无上的质量标准。在判断会计信息是否符合真实与公允要求时，最基本的判断标准是看其是否运用了主要的质量特征或遵守了适当的会计准则。

为了达到真实与公允的最高目标，偏离公认会计准则是否被允许？这是一个值得深入思考的问题。下面我们以加拿大特许会计师协会手册（CICA Handbook）为例来分析这一问题。在2003年之前，加拿大特许会计师协会手册第1000.61和1500.06段要求当遵循公认会计准则（GAAP）会导致财务报告不能被公允反映时，执业者决定是否遵循公认会计准则。为此，执业者必须作出两个方面的决定：一是财务报告是否遵循了公认会计准则，二是根据执业者的判断，财务报告是否被公允表达。然而，加拿大特许注册会计师协会手册鉴证部分强调，公允表达必须用遵循特定的标准，即公认会计准则来评价。那么，要想证明财务报告是否公允表达，就必须验证是否遵循公认会计准则，这就是说，不遵循公认会计准则，财务报告就不能公允表达。遵循公认会计准则是财务报告公允表达的必要条件，但不是充分条件，因此，就不会存在为了实现公允表达而出现偏离公认公认会计准则的情况。实际上，手册的上述两种表述就形成了一种矛盾和不一致。

允许偏离公认会计准则需要会计师和审计师的职业判断，它是建立在会计师和审计师具有良好的职业判断能力和高尚的职业道德基础之上，并需要有健全的内外激励约束机制。这在现实中是很难达到的。在修订偏离公认会计准则问题的规定时，加拿大会计准则委员会表达了这样的关注：偏离公认会计准则的决定可以由单方面做出，而且一方关于在某一特殊情况下会导致误导性财务报告的观点可能不同于另一方。在最糟糕的情况下，报表编制者可能随意滥用允许偏离公认会计准则这一条款。

有趣的是，最近修订的会计准则消除了这种不一致。2003年，加拿大会计准则委员会（AcSB）和鉴证准则委员会发布了加拿大特许注册会计师协会手册的两项更新准则：会计手册中的第24号和鉴证准则中的第 17 号。这些文件通过删除第 1000.61 和 1500.06 段，修订了前面所提及的手册中会计部分和鉴证部分的不一致。"遵循公认会计准则会实现公允表达……公认会计准则体系是充分发展和完善的，它不可能导致误导性的财务报告"。❶ 作为这次修订的结果，即使按照报表编制者和审计师的职业判断，遵循公认会计准则将会导致误导性的财务报告，也不再允许偏离公认会计准则。类似的，修订后的鉴证手册也剥夺了审计师对包含偏离公认会计准则的财务报告出具无保留意见的权力，即使审计师认为，为了避免误导性的财务报告，这种偏离是必须的，审计师也不能够出具无保留意见。

这次修订，使得加拿大特许会计师协会手册保持了逻辑上的一致性。当然，手册的修订也是为了与国际财务报告准则保持一致。国际财务报告准则就没有这种例外的规定。笔者认为，这种修订减少了会计师和审计师职业判断的空间，消除了会计人员滥用允许偏离公认会计准则的机会，降低了有关的信息生成成本，有利于改进会计信息的可比性和一致性。但这也会带来一定的负面效应，比如，由于会计准则的滞后性、不完善性，通过人为的交易安排，具有不同经济实质的经济事项，可能由于相同的经济形式而被强制性的采取同一种会计处理方法，这就会影响会计信息的有用性。因此，如果遵循会计准则会导致误导性的财务报告，那么，这种可比性与一致性充其量也是虚幻性的。

由此可见，为了公允表达允许偏离与禁止偏离公认会计原则各有利弊。综合权衡，比较利弊得失，我们认为加拿大特许会计师协会手册的修订是合理的、有效的。

---

❶ Janet Morrill. Professional Judgment and Departures from GAAP:" Judgment in Jeopardy" Revisited, from http：//www.caaa.ca/ AccountingperspectivesCAP/BackIssues/vo4num2/exeartxaXoZIcYIl_ fr. html.

第四章 会计职业判断在企业会计准则中的应用研究

第一节 会计职业判断在企业会计准则中的应用综述

会计职业判断的内容非常广泛，它贯穿于会计工作的始终，涉及方方面面。夏博辉（2003）认为，会计职业判断在会计实践工作中主要表现为：会计原则的选择与协调，会计处理方法的选择，会计估计，重要性原则、划分收益性支出与资本性支出原则、实质重于形式原则的实际运用。❶ 杨家亲、许燕（2003）认为，会计职业判断的内容更加广泛，从会计流程看，从识别会计凭证，判断其真实性、合法性、完整性，到判断经济业务的性质，作出正确的会计处理，再到合理地设置账簿并登记，再到组织财产清查和账簿的核对，最后编制财务报告，每个步骤都需要不同程度的职业判断才能完成。从会计业务处理看，会计职业判断涉及确认、计量、记录和报告各个环节。从解决的问题看，会计职业判断主要是回答："是什么"、"在何时"和"怎么做"。"是什么"的问题主要是在给定的事项或环境下，决定事实是什么，需运用哪些原则和定义。"在何时"的问题主要是决定某些事项被确认的时机。"怎么做"的问题主要是一些计量问题。❷

结合新企业会计准则，笔者将会计职业判断的内容分为：会计基本假设的职业判断、会计原则的职业判断、会计确认的职业判断、会计计量的职业判断、会计报告的职业判断。由于企业会计准

---

❶ 夏博辉. 论会计职业判断. 会计研究，2003，4：39.
❷ 杨家亲，许燕. 会计职业判断研究. 会计研究，2003，10：45.

则主要是规范会计处理的确认、计量与报告的,对于会计记录方面涉及较少,鉴于此,本书不对会计记录中的职业判断内容予以具体阐述。会计职业判断通常所包括的会计政策选择与会计估计,本书将其归属于会计计量的职业判断❶。下面笔者将按照基本假设、会计原则、会计确认、会计计量、会计报告顺序依次分析新企业会计准则中职业判断的内容。

一、会计基本假设的职业判断

会计基本假设即会计的基本前提,是人们在一定的社会环境中,根据会计实践活动的内在规律和要求得出的,具有一定事实依据的假定或者设想。❷ 因此,会计基本假设本身就包含有判断的因素。四大基本会计假设中,需要会计人员作出判断的主要是会计主体假设与持续经营假设。会计主体假设要求会计人员能够确定会计核算的范围,不能将会计主体与法律主体相混淆。在信息革命面前,会计主体的空间范围正在发生急剧的变化,越来越多的企业之间的合并或联合,使得公司的发展呈现出一种日益全球化的趋势。从产权关系上,企业之间的控制结构变得异常复杂。另一方面,网络技术的进步产生了一种新型的企业组织形式——虚拟企业,在这种企业形式下,供应商、雇员和顾客往往突破原有的企业空间限制,以交易为纽带进行经济活动,会计主体的空间范围正在发生急剧的变化,正变得越来越难以界定。这是会计主体假设带给会计界的挑战。而最需要企业会计人员关注的是对持续经营假设的判断。所谓持续经营是指企业在可预见的未来不会面临破产,也不会大规模的减产。由于持续经营是会计核算的前提假设,会计职业者必须判断企业的持续经营能力,判断时要全面考虑企业的财务状况、经

---

❶ 虽然在会计确认、记录和报告中都有会计政策选择问题,但笔者认为会计政策选择主要体现在会计计量中。

❷ 朱小平. 会计理论与方法研究. 北京:中国人民大学出版社,2003:239.

营情况以及未来不可抗力等方面，具体包括企业的资产负债水平、融资偿债能力、资产状况和流动性、产品竞争力、市场份额、人力资源、国家经济政策、国际国内环境等。如果持续经营假设受到置疑，则会计的确认、计量与报告就会受到重大影响。

二、会计原则的职业判断

在新企业会计准则没有延续会计原则的称谓，而是提出了 8 项会计信息的质量要求，其实质内容没有变。❶ 这些会计原则是会计处理过程中应遵循的基本要求，但其对会计业务的处理是指导性的，会计处理过程中所涉及到的具体环节仍需依赖会计人员的职业判断。经济活动的复杂性和多样性，使得在会计实务中对某一事项进行确认、计量、记录和报告时，需要在多个会计原则之间作出选择，而各个会计原则之间也有矛盾，如可靠性与相关性之间就时有冲突。在特定条件下，某项原则应否选择，选择的"度"应该多大，如何正确处理多个原则的优先使用顺序，怎样实现不同原则之间的最佳组合等，这一切都必须依赖会计人员的判断来进行相应的选择与协调。具体来说，会计原则中的职业判断主要有：实质重于形式的判断、重要性的判断、可靠性与相关性协调的判断。实质重于形式原则要求企业应当按照交易或者事项的经济实质进行会计确认、计量和报告，不应仅以交易或者事项的法律形式为依据。重要性原则要求企业提供的会计信息应当反映与企业财务状况、经营成果和现金流量等有关的所有重要交易或者事项。对于实质重于形式与重要性原则中的判断将在后续内容中作详细分析。下面仅对可靠性与相关性的协调作简要分析。

决策有用信息的主要质量特征包括相关性与可靠性。根据美国 FASB 发布的 SFAC No. 2《会计信息的质量特征》，相关性包括预测

---

❶ 其中可比性包括原有的一致性原则，将权责发生制作为假定列入总则，取消了历史成本计价原则与划分收益性支出与资本性支出原则。

价值、反馈价值与及时性,可靠性包括如实反映、可验证性与中立性。我国新企业准则中要求会计信息应当"如实反映"、"真实可靠"、"内容完整",体现出可靠性的质量要求;而对相关性,企业会计准则突出了"反馈价值"与"预测价值",及时性单独作为一个信息质量要求,未包含在相关性内。对信息使用者而言,是希望会计主体能最大限度地提供具有高度可靠性和相关性的会计信息,以利信息使用者做出科学合理的经营决策。事实上,可靠性与相关性总是难以达到人们所期望的完美统一:偏重于可靠性往往丧失了相关性,以相关性的牺牲为代价换取可靠性的提高;偏重于相关性又往往削弱了可靠性。会计是基于受托责任而发展起来的,因此会计信息的可靠性要求是与生俱来的。随着资本市场的发展,会计信息的特性转向了决策有用性。由于资本市场对相关性要求很高,因而,相关性的要求实际上占据了主导地位。❶ 但由于我国的现实国情:资本市场仍不是很成熟,监管机制还不健全,会计信息舞弊现象严重,因此,在现阶段我国应更加注重可靠性。这在新企业会计准则中体现得比较清楚,"企业会计准则体系更加特别地强调会计信息的可靠性,在 39 个会计准则中 86 次出现'可靠'二字,表明企业会计准则体系对会计信息可靠性的倚重"❷。所以,在可靠性与相关性发生矛盾必须作出职业判断时,企业会计人员应当赋予可靠性更多的权重,在保证一定可靠性的基础上选择更相关的信息。

三、会计确认的职业判断

会计确认主要是判定经济业务或会计事项能否进入及何时进入会计系统,并作为何种会计要素反映。会计确认中的职业判断可以分为会计要素确认条件判断、交易与事项的性质和分类判断。

---

❶ 夏冬林. 财务会计信息的可靠性及其特征. 会计研究,2004(1):23.
❷ 夏冬林. 准则体系凸现可靠性要求. http://www.kj2000.com/kjasp/newinfo/content/2006_3/200631491544.html.

(一) 会计要素确认条件判断

资产、负债、收入、费用等会计要素在确认时，必须满足一定的条件。一般认为会计要素的确认要符合四个条件：可定义性、可计量性、相关性与可靠性。在企业会计准则中也作出了具体规定。例如，在会计准则的基本准则中规定，资产的确认条件是符合资产定义的资源，同时满足以下两个条件：与该资源有关的经济利益很可能流入企业；该资源的成本或者价值能够可靠地计量。负债的确认条件是符合负债定义的义务，同时满足以下两个条件：与该义务有关的经济利益很可能流入企业；未来流出的经济利益的金额能够可靠地计量。收入的确认条件是只有在经济利益很可能流入从而导致企业资产增加或者负债减少、且经济利益的流入额能够可靠计量才能予以确认。费用的确认条件是只有在经济利益很可能流出从而导致企业资产减少或者负债增加、且经济利益的流出额能够可靠计量才能予以确认。除了符合要素的定义外，资产、负债、收入与费用的确认都需要在两个方面作出判断：一是经济利益很可能流入或流出企业，到底多大的可能性为很可能，虽然一般认为发生的概率在 50%～95% 之间为很可能，但这仍然是一个主观判断问题；二是金额能够可靠计量，什么样的情况下可认为金额能够可靠计量也是一个难以把握的问题，需要会计人员凭借专业知识和经验作出判断。

在会计要素确认条件的判断中，最具有代表性同时也是最难判断的是收入的确认。在收入准则中，按照收入的类别分别对销售商品、提供劳务、让渡资产使用权规定了确认的条件。对于商品销售收入的确认，按照准则的规定，只有同时符合以下五个条件，才能予以确认：一是企业已将商品所有权上的风险和报酬转移给买方；二是企业既没有保留通常与所有权相联系的继续管理权，也没有对售出的商品实施有效控制；三是收入的金额能够可靠计量；四是相关的经济利益很可能流入企业；五是相关的已发生或将发生的成本能够可靠地计量。但这五个条件是原则性规定，在对具体收入事项进行分析时,需要会计人员根据交易的具体形式和经验作出判断。例如,对售出商品实施继续管理和有效控制的判断,典型的例子是售后回购。如果卖方在销售商品后的一定时间内必须回购,则此项销售回购本质上是一种融资,而并非销售;如果卖方仅有回购的选择权,或买方有要求卖方回购选择权的,就应具体分析交易的实质,最后应根据所售商品的最终处分权是否转移来识别应否确认为销售。

对于提供劳务的收入,收入准则规定,企业在资产负债表日提供劳务交易的结果能够可靠估计的,应当采用完工百分比法确认提供劳务收入。提供劳务交易的结果能够可靠估计,是指同时满足下列条件:收入的金额能够可靠地计量;相关的经济利益很可能流入企业;交易的完工进度能够可靠地确定;交易中已发生和将发生的成本能够可靠地计量。这些条件是否满足以及完工百分比如何确定,都需要会计人员做出合理的判断。

(二)交易与事项的性质与分类判断

在会计准则中,存在着大量需要对交易与事项的性质作出判断的规定,如对非货币性资产交换中商业实质的判断,也存在着需要对某些交易与事项作出分类的判断要求,如对租赁划分为经营租赁或融资租赁的判断。笔者认为,这两类判断也属于会计确认的判断。下面对会计准则中此类判断内容作一简要分析。

1. 研究阶段与开发阶段划分的判断

无形资产准则规定,企业内部研究开发项目的支出,应当区分研究阶段支出与开发阶段支出。对于研究阶段的支出,应当于发生时计入当期损益;对于开发阶段的支出,同时满足五个条件的,才能确认为无形资产。这就有两个重要的判断:一是如何区分研究阶段与开发阶段的判断;二是对于确认为开发阶段的支出,是否符合条件予以资本化为无形资产的判断。

2. 商业实质的判断

在非货币性资产交换中需要对交换是否具有商业实质作出判

断。具有商业实质的非货币性资产交换需要满足下列条件之一：换入资产的未来现金流量在风险、时间和金额方面与换出资产显著不同；换入资产与换出资产的预计未来现金流量现值不同，且其差额与换入资产和换出资产的公允价值相比是重大的。特别需要强调的是在确定非货币性资产交换是否具有商业实质时，企业应当关注交易各方之间是否存在关联方关系。关联方关系的存在可能导致发生的非货币性资产交换不具有商业实质。

3. 资产减值迹象与资产组的判断

在资产减值准则中规定，企业应当在资产负债表日判断资产是否存在可能发生减值的迹象。准则列举了表明资产可能发生了减值的若干迹象，但具体实施仍需要会计人员结合准则规定根据企业实际作出判断。针对某些单项资产难以对其可收回金额进行估计，准则提出资产组的概念，应当以该资产所属的资产组为基础确定资产组的可收回金额。资产组的认定，应当以资产组产生的主要现金流入是否独立于其他资产或者资产组的现金流入为依据。同时，在认定资产组时，应当考虑企业管理层管理生产经营活动的方式（如是按照生产线、业务种类还是按照地区或者区域等）和对资产的持续使用或者处置的决策方式等。几项资产的组合生产的产品存在活跃市场的，即使部分或者所有这些产品均供内部使用，也应当在符合有关规定的情况下，将这几项资产的组合认定为一个资产组。在进行资产组划分的过程中，需要会计人员综合考虑多方面的因素，作出合理判断。

4. 职工薪酬中辞退福利的确认

新准则扩大了职工薪酬的范围，增加了非货币性福利、辞退福利等内容。对于辞退福利，是否确认为预计负债，需要会计人员作出判断。准则规定，企业在职工劳动合同到期之前解除与职工的劳动关系，或者为鼓励职工自愿接受裁减而提出给予补偿的建议，同时满足下列条件的，即企业已经制定正式的解除劳动关系计划或提出自愿裁减建议，并即将实施，且该企业不能单方面撤回解除劳动

第四章 会计职业判断在企业会计准则中的应用研究

关系计划或裁减建议的,应当确认因解除与职工的劳动关系给予补偿而产生的预计负债,同时计入当期损益。

5. 建造合同分立与合并的判断

在建造合同中,企业通常应当按照单项建造合同进行会计处理。但是,在某些情况下,为了反映一项或一组合同的实质,需要将单项合同进行分立或将数项合同进行合并。什么时候需要对单项合同进行分立,在什么条件下需要将数项合同合并处理,都需要会计人员作出判断。

6. 借款费用中的判断

在借款费用核算中,需要对很多事项作出判断。首先,需要对哪些是符合资本化条件的资产作出判断;然后,需要对借款费用资本化开始时点与资本化期间进行判断,而资本化期间的判断又包括两个判断:一是暂停借款费用资本化的判断,二是停止资本化时点的判断。

7. 企业合并中同一控制与非同一控制的判断

我国企业合并准则创造性地将企业合并分为同一控制下的企业合并与非同一控制下的企业合并。准则明确规定了两种合并类型的含义,即参与合并的企业在合并前后均受同一方或相同的多方最终控制且该控制并非暂时性的,为同一控制下的企业合并;参与合并的各方在合并前后不受同一方或相同的多方最终控制的,为非同一控制下的企业合并。在实际会计工作中,需要会计人员根据控制的时间与最终控制方在合并中的作为做出合理的判断。

8. 金融资产分类的判断

金融资产应当在初始确认时划分为四类:以公允价值计量且其变动计入当期损益的金融资产;持有至到期投资;贷款和应收款项;可供出售的投资。其中,除贷款和应收款项容易区分外,其他三项金融资产的界限有时并不十分清晰。例如,企业购入的不准备长期持有的股票、债券、基金等,是划分为交易性金融资产,还是划分为可供出售金融资产,需要会计主体作出判断;再比如,企业购入的准备长期持有的债券,是划分为持有至到期投资,还是划分为可供出售金融资产,依然需要会计主体作出判断。在金融资产分类中,需要重点考虑管理当局的意图,例如,对于是否准备持有至到期的判断实际上是经营者作出的,所以,金融资产分类的决定权掌握在经营者手中。

9. 金融资产转移的判断

企业会计准则将金融资产转移划分为两种情形:一是将收取金融资产现金流量的权利转移给另一方;二是将金融资产转移给另一方,但保留收取金融资产现金流量的权利,并承担将收取的现金流量支付给最终收款方的义务。到底属于哪一种类型需要会计人员进行职业判断。对于金融资产的终止确认,是金融资产转移判断中的难点。在金融企业已将金融资产所有权上几乎所有的风险和报酬转移给转入方的,应当终止确认该金融资产;保留了金融资产所有权上几乎所有的风险和报酬的,不应当终止确认该金融资产。企业在判断是否已将金融资产所有权上几乎所有的风险和报酬转移给了转入方时,应当比较转移前后该金融资产未来现金流量净现值及时间分布的波动使其面临的风险。企业面临的风险因金融资产转移发生实质性改变的,表明该企业已将金融资产所有权上几乎所有的风险和报酬转移给了转入方,如不附任何保证条款的金融资产出售等。企业需要通过计算,判断是否已将金融资产所有权上几乎所有的风险和报酬转移给了转入方,在计算金融资产未来现金流量净现值时,应当考虑所有合理、可能的现金流量波动,并采用适当的现行市场利率作为折现率。企业在判断金融资产的终止确认条件时,应当注重金融资产转移的实质。

10. 会计政策变更、会计估计变更与前期差错更正的区分

会计准则中区分了会计政策变更与会计估计变更,二者应采用不同的会计处理方法。会计政策变更一般应采用追溯调整法,计算会计政策变更的累计影响数,调整期初留存收益以及会计报表相关项目的期初数;除非累计影响数不能合理确定时,才采用未来适用

法。会计估计变更则采用未来适用法进行处理,如果会计政策变更和会计估计变更很难区分,则应采用未来适用法。但是在实务中有时却很难辨别哪些属于会计政策变更、哪些属于会计估计变更,这需要会计人员进行判断。

对于某些事项,例如,对于已提减值准备的转回,到底属于会计估计变更抑或是前期会计差错更正呢?这同样需要会计人员作出判断。如果属于会计估计变更,就应采取未来适用法进行处理;如果属于重要的前期差错更正,就应采取追溯重述法调整。这两种不同的会计处理会对当期损益与期初留存收益产生较大影响。

11. 调整事项与非调整事项的判断

资产负债表日后事项分为两类:调整事项与非调整事项。属于调整事项的,就需要调整资产负债表日的财务报表;属于非调整事项的,则不应当调整资产负债表日的财务报表,只需要在报表附注中予以披露重要的非调整事项。同一性质的事项可能是调整事项,也可能是非调整事项,它完全取决于有关状况是在资产负债表日或之前已经存在,还是在资产负债表日后才发生。到底是属于调整事项,还是非调整事项,需要会计人员根据判断标准,分析具体情况作出判断。

四、会计计量的职业判断

会计计量是在确认的基础上进行的,是对已确认对象数量化和价值化的一种会计行为。❶ 会计计量包括计量单位和计量属性两个要素,目前常用的计量单位是名义货币,而计量属性,根据企业准则的规定有历史成本、重置成本、可变现净值、现值与公允价值五种。会计准则规定,企业对会计要素进行计量时,一般应当采用历史成本,采用重置成本、可变现净值、现值、公允价值计量的,应当保证所确定的会计要素金额能够取得并可靠计量。所以,选择何

---

❶ 葛家澍,于玉林. 会计学. 第二版. 北京:中国人民大学出版社,2003:22.

种计量属性进行计量,就需要会计人员进行判断选择。由于公允价值作为新会计准则的一大亮点,在诸多方面都需要管理当局与会计人员实施职业判断,鉴于其重要性,本书在后面单独予以重点阐述。会计计量的内容非常广泛,按其计量时间可分为初始计量与后续计量,其中包含了大量需要作出职业判断的事项。笔者认为,会计计量中的职业判断主要由会计政策选择与会计估计构成。

1. 会计政策选择判断

会计政策是指企业在会计确认、计量和报告中所采用的原则、基础和会计处理方法。由于客观经济的复杂性和各个企业的特殊性,企业可在允许的范围内对同一经济事项采用不同的会计处理方法。会计政策选择判断在会计职业判断占据重要地位,它的决策权是由企业经营者掌握的,或者由经营者直接作出判断,或者由会计人员提出建议而由经营者作出决定。根据企业会计准则,会计职业判断在会计政策选择中的运用主要表现在:

(1) 存货计价方法。按照存货准则的规定,企业应当采用先进先出法、加权平均法、移动平均法或者个别计价法确定发出存货的实际成本。包装物和低值易耗品的摊销方法可采用一次转销法或者五五摊销法等。但哪一种方法更适合企业的实际情况,则需依赖会计职业判断。

(2) 长期股权投资的核算方法。企业的长期股权投资,应根据与被投资企业的关系,分别采用成本法或权益法核算。企业对被投资单位具有共同控制或重大影响的,采用权益法核算;否则,采用成本法核算。企业是否对被投资企业具有共同控制或重大影响,是采用成本法还是权益法的前提。在关联方披露准则中给出了共同控制与重大影响的定义,但是具体如何判断,会计准则没有给出表决权资本的参考标准。需要根据实际情况,遵循实质重于形式的原则进行判断。

(3) 投资性房地产的后续计量。投资性房地产的后续计量有两种模式可供企业选择:成本模式与公允价值计量模式。准则规定有确凿证据表明投资性房地产的公允价值能够持续可靠取得的,可以采用公允价值模式进行后续计量。除此之外,企业应当采用成本模式对投资性房地产进行后续计量。采取公允价值计量的,应当同时符合下列条件:投资性房地产所在地有活跃的房地产交易市场;企业能够取得同类或类似房地产的市场价格及其他相关信息,从而对投资性房地产的公允价值作出合理的估计。这其中主要有两个方面的判断,一是企业是否符合公允价值计量模式,二是在符合公允价值计量模式的条件下,是否选择公允价值计量,抑或是采用成本计量。对于拥有投资性房地产较多的企业,是否采用公允价值计量将对企业的损益与财务状况产生较大影响,这需要企业经营者作出恰当的判断。

(4)固定资产折旧方法。固定资产具体准则规定,企业应当根据与固定资产有关的经济利益的预期实现方式,合理选择固定资产折旧方法。可选用的折旧方法包括年限平均法、工作量法、双倍余额递减法和年数总和法等。固定资产的折旧方法一经确定,不得随意变更。这就需要会计主体根据企业的情况进行判断。

(5)生物资产的后续计量。生物资产的后续计量,一般应采用成本模式计量,有确凿证据表明生物资产的公允价值能够持续可靠取得的,应当对生物资产采用公允价值计量。到底是采取成本模式计量,还是采用公允价值计量,需要会计主体作出判断。

(6)无形资产的后续计量。无形资产的后续计量主要有两种方法:摊销或不摊销。对于使用寿命有限的无形资产,其应摊销金额应当在使用寿命内系统合理摊销。摊销的方法,应当反映与该项无形资产有关的经济利益的预期方式。无法可靠确定预期实现方式的,应当采取直线法摊销。使用寿命不确定的无形资产不摊销,但到会计期末应进行减值测试。所以,会计人员应当首先在无形资产取得时分析判断其使用寿命,然后选择摊销或不摊销。如果需要摊销,则需要会计人员选择其摊销方法。

(7)外币交易中汇率的选择。外币交易应当在初始确认时,采用交易发生日的即期汇率将外币金额折算为记账本位币金额；也可以采用按照系统合理的方法确定的、与交易发生日即期汇率近似的汇率折算。如何外币选择汇率，需要作出合理的判断。

（8）租赁处理方法的选择。准则规定，承租人和出租人应当在租赁开始日将租赁分为融资租赁和经营租赁。其中融资租赁，是指实质上转移了与资产所有权有关的全部风险和报酬的租赁。企业融资租入的固定资产应视同本企业的固定资产进行核算，并确认相应的负债；而经营性租入的固定资产则只进行备查登记，确认其租赁费用。虽然准则给出了认定某项租赁为融资租赁的几项判断标准，但具体情况下如何判断，如何根据租赁的经济实质而不是其法律形式对租赁进行分类，都需要会计人员做出判断，从而选择恰当的处理方法。

2. 会计估计的职业判断

会计估计是指企业对其结果不确定的交易或事项以最近可利用的信息为基础所作的判断。在确认、计量过程中，但记录的交易或事项涉及未来不确定性事项时，不得不对许多尚在延续中、其结果尚未确定的交易或事项根据经验予以估计入账。会计职业判断在会计估计中的运用主要表现在：

（1）存货可变现净值的估计。存货准则规定，在资产负债表日，存货应当按照成本与可变现净值孰低计量。可变现净值，是指在日常活动中，存货的估计售价减去至完工时估计将要发生的成本、估计的销售费用以及相关税费后的金额。由此可见，可变现净值是指未来净现金流入，而不是指存货的售价或合同价。可变现净值的几个变量都需要估计，对会计人员提出了较高的要求。企业确定存货的可变现净值，应当以取得的确凿证据为基础，并且考虑持有存货的目的、资产负债表日后事项的影响等因素。为执行销售合同或者劳务合同而持有的存货，其可变现净值应当以合同价格为基础计算。企业持有存货的数量多于销售合同订购数量的，超出部分的存货可变现净值应当以一般销售价格为基础计算。

在具体确定存货可变现净值时，会计人员需要分别不同的存货予以确定：对于产成品、商品和用于出售的材料等直接用于出售的商品存货，应当以该存货的估计售价减去估计的销售费用和相关税费后的金额确定其可变现净值；对于用于生产的材料、在产品或自制半成品等需要经过加工的材料存货，应当以所生产的产成品的估计售价减去至完工时估计将要发生的成本、估计的销售费用以及相关税费后的金额确定其可变现净值。

（2）有关资产摊销金额和受益期限的确定。①固定资产预计使用年限与预计净残值。企业应当根据固定资产的性质和使用方式，合理地确定固定资产的预计使用年限和预计净残值。会计人员在估计固定资产的预计使用年限时，不仅应考虑固定资产的有形损耗，而且应考虑其无形损耗。此外，在进行初始计量确定固定资产成本时，需要考虑弃置费用。弃置费用也需要会计人员作出估计。②无形资产摊销期限与预计残值。准则规定，使用寿命有限的无形资产，其应摊销金额应当在使用寿命内系统合理摊销。企业摊销无形资产，应当自无形资产可供使用时起，至不再作为无形资产确认时止。无形资产摊销限，即使用寿命，需要会计人员根据具体情况结合法律规定进行估计。无形资产的应摊销金额为其成本扣除预计残值后的金额，一般情况下，其残值应当视为零，但在特殊情况下，例如，有第三方承诺在无形资产使用寿命结束时购买该无形资产，或者企业可以根据活跃市场得到预计残值信息，并且该市场在无形资产使用寿命结束时很可能存在，则需要会计人员估计残值。③生物资产使用寿命、预计净残值的估计。企业会计人员应当根据生产性生物资产的性质、使用情况和有关经济利益的预期实现方式，合理确定其使用寿命、预计净残值和折旧方法。

（3）公允价值的估值。公允价值具有"估计性"的特点，"公允价值只能是参照现行交易的估计价格"❶。公允价值在新企业准

---

❶ 葛家澍，徐跃. 会计计量属性的探讨-市场价格、历史成本、现行成本与公允价值. 会计研究，2006，9：11.

则中具有较为广泛的运用，主要体现在以下方面：金融工具、投资性房地产、非同一控制下的企业合并、债务重组、非货币性交易等方面。关于公允价值的确定将在后文中作详细分析，这里不在论述。

（4）资产减值的估计。资产减值准则规定，资产存在减值迹象的，应当估计其可收回金额。可收回金额应当根据资产的公允价值减去处置费用后的净额与资产预计未来现金流量的现值两者之间较高者确定。可收回金额的确定是资产减值准备的难点。❶

• 公允价值减去处置费用后的净额的估计。资产的公允价值减去处置费用后的净额，应当根据公平交易中销售协议价格减去可直接归属于该资产处置费用的金额确定。不存在销售协议但存在资产活跃市场的，应当按照该资产的市场价格减去处置费用后的金额确定。资产的市场价格通常应当根据资产的买方出价确定。在不存在销售协议和资产活跃市场的情况下，应当以可获取的最佳信息为基础，估计资产的公允价值减去处置费用后的净额，该净额可以参考同行业类似资产的最近交易价格或者结果进行估计。处置费用包括与资产处置有关的法律费用、相关税费、搬运费以及为使资产达到可销售状态所发生的直接费用等。

• 资产预计未来现金流量的现值。资产预计未来现金流量的现值，应当按照资产在持续使用过程中和最终处置时所产生的预计未来现金流量，选择恰当的折现率对其进行折现后的金额加以确定。预计资产未来现金流量的现值，应当综合考虑资产的预计未来现金流量、使用寿命和折现率等因素。

预计的资产未来现金流量应包括资产持续使用过程中预计产生的现金流入；为实现资产持续使用过程中产生的现金流入所必需的预计现金流出（包括为使资产达到预定可使用状态所发生的现金流出）；资产使用寿命结束时，处置资产所收到或者支付的净现金流

---

❶ 此处仅考虑会计准则第 8 号——资产减值准则中的有关估计。

量。预计资产未来现金流量的方法主要有：(1) 期望现值法，该技术采用反映可能结果范围的复合现金流量和无风险利率来估计公允价值；(2) 传统现值法，该技术采用单一的估计现金流量和单一利率（该利率与风险相当）来估计公允价值。IASB 和 FASB 均允许主体在两种方法中进行选择。但从目前已发布的准则看，FASB 倾向于期望现值法，IASB 则倾向于传统现值法。两种方法各有利弊，因而很难简单地判定孰优孰劣。在我国新准则的应用指南解释中明确指出：预计资产未来现金流量，通常应当根据资产未来每期最有可能产生的现金流量进行预测。采用期望现金流量法，资产未来现金流量应当根据每期现金流量期望值进行预计，每期现金流量期望值按照各种可能情况下的现金流量乘以相应的发生概率加总计算。

预计未来现金流量和折现率，应当在一致的基础上考虑因一般通货膨胀而导致物价上涨因素的影响。预计未来现金流量应当分析以前期间现金流量预计数与实际数差异的情况，以评判预计当期现金流量依据假设的合理性，通常应当确保当期预计现金流量依据的假设与前期实际结果相一致。资产的未来现金流量受内部转移价格影响的，应当采用在公平交易的前提下，企业管理层能够达成的最佳的未来价格估计数进行预计。现值计量中估计的折现率，应是反映当前市场货币时间价值和资产特有风险的税前利率。折现率的确定通常应以该资产的市场利率为依据。该资产的利率无法从市场获得的，可使用替代利率估计折现率。替代利率可根据加权平均资金成本、增量借款利率或者其他相关市场借款利率作适当调整后确定。估计资产未来现金流量现值，通常应使用单一的折现率。资产未来现金流量的现值对未来不同期间的风险差异或者利率的期间结构反应敏感的，应当在未来各不同期间采用不同的折现率。

- 资产组减值测试中的估计。资产组减值测试的原理和单项资产是一致的，即企业需要预计资产组的可收回金额和计算资产组的账面价值，并将两者进行比较，以测试是否发生减值。资产组账面价值的确定基础应当与其可收回金额的确定方式相一致。资产组的可收回金额应当按照该资产组的公允价值减去处置费用后的净额与其预计未来现金流量的现值两者之间较高者确定。资产组的账面价值包括可直接归属于资产组与可以合理和一致地分摊至资产组的资产账面价值，通常不应当包括已确认负债的账面价值，但如不考虑该负债金额就无法确定资产组可收回金额的除外。

资产减值中存在大量的判断事项，而判断的结果又会对企业的损益和财务状况产生重大影响，从而也对企业经营者和会计人员提出了更高的判断要求，判断人员不仅要精通会计准则的有关规定，还要熟悉企业的生产经营流程及特点，并要掌握一些估值技巧。

(5) 预计负债的估计

或有事项准则规定，与或有事项相关的义务同时满足三个条件时，即该义务是企业承担的现时义务，履行该义务很可能导致经济利益流出企业，该义务的金额能够可靠地计量，应当将其确认为预计负债。预计负债应当按照履行相关现时义务所需支出的最佳估计数进行初始计量。应否确认预计负债需要会计人员做出判断，最佳估计数的金额也需要会计人员综合考虑有关的风险、不确定性和货币时间价值等因素计算确定。

五、财务报告的职业判断

会计报告是会计处理的最后一个环节，其最终产品——财务报告是会计信息传递给各个会计信息使用者的主要手段。会计报告主要是判断在财务报表体系中应反映哪些会计要素，以何种方式披露，披露哪些信息等。充分披露是为提高会计信息的相关性而采取的重要政策，在披露事项中同样离不开会计职业判断。会计报告环节到处充盈着职业判断，离开了职业判断，就无法形成财务报告。会计职业判断中的内容如下：

(一) 财务报告中重要性的判断

财务报告作为对外提供的信息集合，为提高信息的使用价值，同时也受限于编制报告的成本效益原则，应提供所有重要的能够影响信息使用者决策的信息，对于重要项目，应当单独列报，对于不重要的项目，可合并列报，或在附注中披露。重要性判断贯穿于财务报告编制的全过程。鉴于"重要性"的重要性，本书在后文中作出详细分析，在此不再赘述。

（二）关联方披露的判断

由于关联方之间可能存在有碍公平交易的因素，为操纵利润提供了可能，因此对关联方关系及其交易进行充分披露，历来是信息使用者关注的焦点之一。关联方披露准则给出了关联方的界定，并列举了关联方及关联方交易的类型。但在具体实务中，仍需要企业会计人员根据实质重于形式的原则进行判断。在披露时，关联方交易应当分别关联方以及交易类型予以披露，类型相同的关联方交易，在不影响财务报告使用者正确理解的情况下可以合并披露。而且，企业只有在提供确凿证据的情况下，才能披露关联方交易是公平交易。凡此种种，都需要会计人员根据实际情况作出判断。

（三）合并财务报表编制范围的判断

合并财务报表的合并范围应当以控制为基础予以确定。控制是指一个企业能够决定另一个企业的财务和经营政策，并能据以从另一个企业的经营活动中获取利益的权力。控制的判断是以是否具有实质性控制权为判断标准的。新准则要求对所有母公司能够控制的子公司均应纳入合并范围，而不一定考虑严格的股权比例。即是否拥有被投资单位半数以上的表决权是一个关键性证据，但它既不是充分条件，也不是必要条件。这就需要会计人员遵循实质重于形式的原则，在表决权的基础上，综合考虑其他因素，作出判断。

（四）分部报告中的判断

企业在编制分部报告时，无论是分部的确定，还是分部信息的披露都离不开会计人员的职业判断。首先，如何确定地区分部和业务分部，制度中只是规定了一些指导性的原则，在具体判断时主要应看其实质，即各分部之间是否具有不同的经营风险和回报；其次，应根据重要性原则确定报告分部，对此，制度中规定了一些量化的判断标准;再次,企业还应确定主要报告形式和次要报告形式,编制分部报表。

六、小结

会计职业判断贯穿于会计工作的全过程,可以说会计职业判断在会计工作中无处不在,无时不在。在新会计准则中,会计职业判断主要体现在会计确认、会计计量、会计报告等方面。结合新企业会计准则的特点,笔者认为有三个方面的职业判断在整个新会计准则体系中居于重要地位,需要重点阐述:其一,会计确认中的实质重于形式原则,在新准则中属于会计信息质量的要求,在准则中处处渗透着这一具体原则的运用;其二,会计计量中的公允价值,公允价值是本次会计准则改革的一大亮点,公允价值的适度运用增加了会计信息的相关性,也加大了会计职业判断的难度;其三,会计报告中的重要性原则,在新会计准则中要求对会计信息进行充分披露,在披露的过程中要注意运用重要性原则。鉴于上述的分析,笔者特别选出实质重于形式原则、公允价值计量、会计重要性等三个方面进行具体论述。

第二节 实质重于形式原则的职业判断研究

一、实质重于形式原则产生的原因分析

实质重于形式原则(Substance Over Form Principle)是会计核算中一项非常重要的原则。这一原则产生的原因主要在于在会计准则和制度尚不完善的情况下,经常出现真实性和合法性不统一的情况。"合法性"是指会计核算及财务列报时对会计准则及相关会计制度及标准的遵循,只要是遵循了会计准则及相关会计制度及标准的规定,就被视为遵循了"合法性"原则。而"真实性"是指会计核算及财务列报应反映业务的经济实质。

由合法性和真实性的定义可知，合法性是一个很宽泛的概念，只要符合规定即可，而真实性的要求就比较高，需要透过现象观察到本质。这样就造成了真实性和合法性在侧重点上不一样，同一个经济业务基于真实性或合法性的出发点就很可能得出不同的结论。这主要体现在会计准则及其指南中难以消除的界限规定。虽然会计界已经认识到过分具体的原则性规定的局限性，在准则制定过程中纷纷转向原则导向或目标导向。但无论是在我国还是国际会计准则中，都有一些数字化的界限。界限的规定是为了提供一个合理的确认标准，以限制判定过程的主观和随意，但这样又造成了一个现实，那就是在十分接近界限的两种几乎相同的经济事实，可能因微小的差异，最终导致会计处理结果的迥异，并可能使公司利用这种规定完成在技术上遵循准则却在实质上规避准则的意图。在会计准则及其应用指南中保持适当的界限仍然十分必要，但界限导致的合法性和真实公允性冲突也不可避免。

此外，会计准则在编写时无法预计所有可能发生的经济事项，因而会计准则总是不完善的。而且随着经济日新月异的发展，新的业务、新的事项必然不断出现，比如衍生金融工具的创新、虚拟企业、网络交易等特殊事项或例外事项等。这些例外事项的存在，没有具体准则加以规范，缺乏具体的法律依据。美国证券交易委员会（SEC）在其研究报告《对美国财务报告采用以原则为基础的会计体系的研究》中提到：例外事项和界线检验鼓励了那些希望规避准则意图行事的人，这就导致财务报告并没有真实地描述交易和事项的经济实质。特殊事项的存在也在一定程度上导致了合法性与真实性的冲突。

二、实质重于形式原则的内涵分析

实质重于形式原则（Substance Over Form Principle）概念最早出现在美国会计原则委员会（APB）于 1970 年发布的第 4 号公告"企业财务报表所依据的基本概念和会计原则"中。英格兰与威尔逊特许会计师协会（ICAEW）在 1985 年发布的第 603 号技术公告中指出："旨在按真实与公允的观点提供信息的财务报表中，所应考虑的问题应为交易的经济实质而非法律形式，以便能准确地判定这些交易的本质及对它们进行合适的会计处理"。❶ 英国会计准则委员会（ASC）于 1988 年公布的一份题为"特殊目的的交易进行会计处理"的征求意见稿中，也做出了类似的表述：按照真实与公允的观点，对交易的经济实质而非法律形式进行会计处理。国际会计准则委员会（IASC）在其 1989 年发布的《关于编制和提供财务报表结构》中认为：信息如果想要如实反映其所拟反映的交易或其他事项，那就必须根据它们的实质和经济现实，而不仅仅根据它们的法律形式进行核算和反映。❷ 我国在新企业准则的基本准则中规定："企业应当按照交易或事项的经济实质进行确认、计量和报告，不应仅以交易或者事项的法律形式作为依据"❸。实质重于形式原则要求会计信息要真实反映交易或事项，就必须根据其实质和经济现实，而不能仅根据法律形式核算和反映，如果交易或事项的实质与其法律形式不一致时，会计人员应当根据经济实质而不是法律形式进行核算和反映。

要想运用实质重于形式原则，就必须搞清楚经济实质究竟是什么，法律形式具体指什么。从哲学的角度看，理解事物的形式，必须要联系其本质；离开了本质，就无法辨别形式所呈现的真伪。交易或事项的经济实质应该是各构成要素之间内在的根本经济联系。交易或事项的法律形式，是指交易及其构成要素间的关系，通过法律范畴固化出的外部反映。法律是人类社会普遍的行为规范之一，人们所从事的经济活动都应被限制在法律框架内。在其发生发展的某个阶段，交易或事项的内在经济关系总会通过一定的法律形式来

---

❶ 英格兰与威尔逊特许会计师协会,《第 603 号技术公告》, 1985。
❷ 国际会计准则委员会,《关于编制和提供财务报表结构》, 1989。
❸ 企业会计准则 2006. 北京：经济科学出版社, 2006：2.

呈现。但是，我们无法就此推出法律形式是经济实质的唯一反映或实时反映，也无法证明财务报告使用者关注的所有交易或事项的经济实质，都已经包含在一定的法律形式中了。因此，虽然在多数情况下，会计理解的经济活动实质和法律形式差别不大，但是有些时候出现经济活动实质与法律形式的背离，这就要求我们恰当运用实质重于形式的原则去进行会计处理。

三、会计职业判断中实质重于形式原则的运用

会计职业判断是会计主体依据会计准则等标准，利用自己的专业知识和职业经验对会计原则、处理方法、处理程序等方面进行判断与选择的过程。在会计实务中，交易或事项的法律形式并不总能完全真实地反映其实质内容。所以，在做出职业判断时，要想使会计信息反映其所应反映的交易或事项，就必须根据交易或事项的实质和经济现实来进行判断，而不能仅仅根据它们的法律形式。

运用实质重于形式原则，正确判断交易的实质最为重要。一般来说，我们进行判断的关键步骤，是看经济活动或交易事项是否改变主体的现存资产和负债状况。确定适当的会计处理的方法时，应明确回答四个问题：（1）交易的细节是什么？（2）是什么法律形式？（3）按照这样的法律形式应该做出何种会计处理？（4）法律形式反映了真实的经济实质吗？例如，对售后租回交易形成融资租赁选用会计处理方法的判断。对此，需要依次回答上述问题：（1）在形成融资租赁的售后租回交易方式下，对销售方（承租人）而言，与销售商品所有权有关的全部报酬与风险并未转移，售后租回交易的租金和商品售价往往是一揽子方式进行谈判形成的，应视作一项交易。（2）从法律形式上看，这是两笔业务，一笔销售业务与一笔融资租赁业务。（3）如果我们按照法律形式核算，卖出商品应确认为销售方的一项营业收入，租赁业务作为一笔融资业务。（4）从实质上分析，售后租回形成融资租赁实质上就是一项融资业务，不应确认企业的营业收入及营业损益，而应将销售方所发生的

销售价格与出售前商品的账面价值的差额作为递延收益处理，并按折旧进度予以分摊。

下面结合《企业会计准则 2006》，阐述若干需要运用实质重于形式进行职业判断的情况。

1. 资产的认定

根据《企业会计准则 2006》的规定，资产是指过去的交易或事项形成的、由企业拥有或者控制的、预期会给企业带来经济利益的资源。资产应为由企业拥有或控制的资源。顾名思义，"拥有"是一种法律上的所有权，而"控制"则是反映该种资源的经济实质。例如，根据该定义在做出职业判断时，会对融资租入的固定资产怎样处理呢？从法律的角度看这是一个租赁行为，企业从外部租入固定资产，显然不拥有所有权，而只有使用权，但这明显是不符合企业"拥有"的含义。但由于融资租赁的租赁期相当长，接近于该资产的使用寿命；而且租赁期结束时承租方有优先购买该资产的选择权；在租赁期内承租方有权支配资产并从中受益，所以从经济实质来看，承租方能够控制融资租入固定资产所创造的未来经济利益。按照实质重于形式原则，在实务中，应当将以融资租赁方式租入的固定资产视为企业的资产，反映在企业的资产负债表中。

2. 收入的确认

根据《企业会计准则 2006》的规定，销售商品收入的确认条件之一，就是企业已将商品所有权上的主要风险和报酬转移给购货方，判断企业是否已将商品所有权上的主要风险和报酬转移给购货方，应当关注交易的经济实质而不是法律形式。某些情况下，转移商品所有权凭证但未交付实物，商品所有权上的主要风险和报酬也随之转移，企业只保留了次要风险和报酬，如收款并开具发票但对方尚未提货。有时，已交付实物但未转移商品所有权凭证，商品所有权上的主要风险和报酬未随之转移，如采用支付手续费方式委托代销的商品。实务中需要重点关注的是售后回购或售后租回交易，在做出职业判断时,是否应当确认为销售收入?如果企业在销售某商品的同时又与客户签订了售后回购或售后租回协议,根据"实质重于形式"的原则,就需要按照销售的经济实质来判断是否应当确认销售收入。如果商品所有权上的主要风险和报酬并未转移给购货方,销售也就没有实现,则不应当确认收入,而应将售后回购和售后租回协议作为融资协议来处理。

3. 关联方交易关系的认定

在企业会计准则中,给出了判断关联方关系的标准,即"一方控制、共同控制另一方或对另一方施加重大影响,以及两方或两方以上同受一方控制、共同控制或重大影响的,构成关联方"。关联方关系存在于控制或被控制、共同控制或被共同控制,或施加重大影响的各方,即建立控制、共同控制和施加重大影响是存在关联方的主要特征。在关联方关系的认定中,新准则增加了三种形式,即:对企业实施共同控制的投资方;对企业施加重大影响的投资方;该企业主要投资者个人、关键管理人员或与其关系密切的家庭成员控制、共同控制或施加重大影响的其他企业对企业同样也存着关联关系。在披露时,应遵循实质重于形式的原则,视其关系的经济实质而非法律形式,判断关联方关系是否存在。

4. 资产发生减值的认定

资产减值准则中,资产可能发生减值的迹象从外部信息和内部信息来源两方面列举了七种情形,决定是否需要确认减值损失。如果存在减值迹象,应当进行减值测试,估计资产的可收回金额,可收回金额低于账面价值的,则需按照可收回金额低于账面价值的金额计提减值准备。例如,如果出现了资产的市价在当期大幅度下跌,其跌幅明显高于因时间的推移或者正常使用的预计的下跌。从法律形式上看,这种现象并未导致资源的减值;但在实务认定时,应遵循实质重于形式原则。从经济实质来看,需要认定减值。又如,如果企业有证据表明资产已经陈旧过时或者其实体提前处置,这时根据其经济实质,也要计提相应的减值。

5. 借款费用停止资本化的确定

购建或者生产符合资本化条件的资产达到预定可使用或者可销售状态时，借款费用应当停止资本化。而资产达到预定可使用或可销售状态，是指所购建或生产的符合资本化条件的资产已经达到建造方、购买方或企业自身等预先设计、计划或合同约定的可以使用或可以销售的状态。企业在确定借款费用停止资本化的时点时，需要依据经济实质而非法律形式，来判断所购建或生产的符合资本化条件的资产达到预定可使用或可销售状态的时点。

6. 或有事项的确认

根据企业会计准则的规定，或有事项相关义务是否确认为预计负债应满足条件之一，就是履行该义务很可能导致经济利益流出企业。实务中，确定预计负债时，是否很可能导致经济利益流出企业成为很关键的因素。例如，2008年1月1日，X企业与Y企业签订协议，承诺为Y企业的3年借款提供全额担保。对于X企业而言，由于担保事项而承担了一项现时义务，但这项义务的履行是否很可能导致经济利益流出企业，需依据Y企业的经营状况和财务等因素加以确定。假如2008年末，Y企业的财务状况恶化，且没有迹象表明可能发生好转，这时，按照实质重于形式的原则，表明Y企业很可能违约。从而，X企业履行承担的现时义务将很可能导致经济利益流出企业，则应将该项现时义务确认为预计负债。

7. 非货币性资产交换的认定

在非货币性资产交换中，必须同时满足具有商业实质且换入或换出资产的公允价值能够可靠地计量时，才能以公允价值和相关税费作为换入资产的成本入账。非货币性资产的确认和计量与非货币性资产交换是否具有商业实质密切相关，如果非货币性资产交换交易不具有商业实质，则换入资产的价值不能按公允价值入账，而应按换出资产的账面价值确定。在确定非货币性资产交换交易是否具有商业实质时，应当关注交易各方之间是否存在关联关系，关联方关系的存在可能会导致发生的非货币性资产交换不具有商业实质，影响入账成本是否公允,从而影响交易的核算;但从法律形式的角度来看,交易各方之间是否存在关联方关系,并不影响交易。

8. 合并财务报表范围的认定

合并财务报表的合并范围应当以控制为基础予以确定。"控制",是指一个企业能够决定另一个企业的财务和经营政策,并能据以从另一个企业的经营活动中获取利益的权力,这里体现的是经济实质。新会计准则要求对所有母公司能够控制的子公司均应纳入合并范围,而不一定考虑严格的股权比例。在新准则中还特别强调,确定能否控制被投资单位时须考虑潜在表决权的影响,即应当考虑企业和其他企业持有的被投资单位的当期可转换的可转换公司债券、当期可执行的认股权证等潜在的表决权因素。这里说的潜在的因素在法律形式上,是不具有表决权的;但从经济实质来看,却仍然要考虑其对控制权的潜在影响。

当然,实质重于形式原则在企业会计准则中的运用随处可见,并不仅仅局限于上述方面,它是贯穿企业会计处理始终的一项重要原则。

四、运用实质重于形式原则的建议措施

采用实质重于形式原则意味着赋予会计人员及经营者较大的自主性和能动性,要求会计人员具有较高的职业判断能力。我国企业的文化特征多是高集权度、重统一、轻灵活性的。在长期强调合法合规性的过程中,会计人员职业判断水平普遍不高,习惯于遵循经济业务的法律形式来进行会计处理,难以满足有效使用实质重于形式原则的条件。特别是交易业务的经济实质并不是一个像圆周率一样的常数,它需要会计人员具备合理的知识结构、敏锐的洞察力和较强的分析能力,善于思考问题,并具有较高的职业道德水准。如何恰当运用会计职业判断,更好地贯彻实施实质重于形式原则,就成了我国会计人员面临的一大问题。这就要求会计人员必须适应改革发展的需要,不断提高职业判断水平。

(一) 不断增强职业判断意识

长期以来,我国一直沿用会计制度来规范会计行为,会计制度中规定了明确的会计科目,并对各科目的内涵及其包括的内容作了具体而详细的解释,会计人员只需根据会计制度的规定按图索骥,作简单的是非判断。这极大地束缚了会计人员的思维,使得会计人员在工作中不善于运用职业判断去处理复杂的会计实务。面对新形势的要求,会计人员要转变观念,提高对会计职业判断必要性和重要性的认识,更新思维方式,不断增强职业判断意识。

(二) 持续提升会计人员综合素质

职业判断能力与会计人员综合素质直接相关。会计人员应养成终身学习的习惯,不断通过培训学习,持续提升会计人员的综合素质。一是不断更新专业知识,形成完整的学科体系;二是培养自身的沟通能力和思维创造力,学会通过筛选、归类、分析和判断的方法从分散的数据中得到有效信息;三是对与本职工作相关的理论知识有广泛的理解,通晓企业管理、会计实务、税收法规等知识,增强综合判断能力;四是在实践中养成良好的思维习惯,要善于实践,并在实践中不断总结、提高。

(三) 逐步提高职业道德水平

做好会计工作,不仅要求会计人员具有良好的业务素质,而且要求具有较高的职业道德水平和较强的政策、法律观念。在进行职业判断时,会计人员要严格遵守职业道德规范,实事求是,客观公正,力求把握交易和事项的经济实质,不偏不倚地对待有关利益各方。

为了确保"实质重于形式"原则的贯彻实施,我们可以建立下列两种制度:一是建立磋商制度。政府有关部门应通过规则和指南的方式要求上市公司对于形式与实质不一致的关联交易等问题,在财务会计报告编制之前与注册会计师磋商,听取注册会计师的意见,将失真的会计信息杜绝在财务会计报告之外。二是建立请示制度。对于注册会计师与上市公司意见不一致、磋商未果的有争议的

关联交易请示财政、证券管理等有关部门，得到有关部门答复后企业再根据答复做出会计处理。❶

综上所述，由于经济业务的实质和法律形式可能出现分歧，在交易或事项的法律形式不明确或不适用时，会计应偏重于其经济实质进行核算和反映，以保证会计信息质量。有效地运用实质重于形式原则，需要逐步提高会计人员的职业判断水平，形成有利的社会文化氛围，在此基础上，会计信息的质量才会不断得以提高。

第三节　公允价值计量的职业判断研究

一、公允价值的概念分析

（一）公允价值的发展简介

"公允价值"作为一个全新的计量属性概念，主要发端于20世纪80年代美国证券交易管理委员会与金融界之间的关于金融工具尤其是衍生金融工具确认、计量的论争。在80年代后半期美国有2000多家银行因从事衍生金融工具交易所造成的巨大损失而陷入财务困境甚至破产，而建立在历史成本计量属性上的财务报告，在这些金融机构陷入财务危机之前，往往还显示"良好"的经营业绩和"健康"的财务状况。因此许多投资者认为，历史成本财务报告不仅没能为金融监管部门和投资者发出预警信号，甚至反而误导了投资者对这些金融机构的判断。在此背景下，1990年9月，美国证券交易委员会主席理查德·C.布雷登提出对衍生金融工具应该采用"公允价值"进行确认计量。国际会计准则委员会（IASC）1995年在国际会计准则第32号（IAS32）《金融工具：披露和列

---

❶ 杨有红. 捍卫"实质重于形式原则"扼制恶意操纵会计信息行为. 财务与会计，2003，9：6-7.

报》中对"公允价值"的概念做出了具体的界定,要求企业披露有关金融资产和金融服务的公允价值的信息。FASB 也颁布了一系列与公允价值会计计量相关的准则。在经过充分的实务探讨和实务验证后,FASB 于 2000 年 2 月公布了 SFAC No.7《在会计计量中应用现金流量信息与现值》,确立了公允价值计量属性。2006 年 9 月,FASB 发布 SFAS157 "公允价值计量",为公允价值及其运用建立了世界上独一无二的完整的计量和披露框架。2007 年 2 月,FASB 又发布了 SFAS159 "金融资产与金融负债的公允价值选择权",进一步允许主体选择按照公允价值计量多种金融工具和某些特定的其他项目,扩大了公允价值的使用范围。

公允价值计量乃是财务会计发展的大势所趋,如果公允价值得以全面应用,则财务会计将有可能反映企业的价值(或其近似值)。这是财务会计的重大变革,其影响之深远,有可能改变现行会计模式!❶

(二) 公允价值的概念

关于公允价值的概念,IAS32 的定义中指出,公允价值"指在公平交易中,熟悉情况的当事人自愿据以进行资产交换或负债清偿的金额"。

2006 年 9 月 15 日,FASB 专门就公允价值计量发布了财务会计准则公告第 157 号《公允价值计量》(SFAS 157)。该准则给出公允价值的最新定义,"在计量日,市场参与者在有序交易中,销售资产收到的或转移负债支付的价格"。根据 SFAS157 的规定,与公允价值含义密切相关的几个专业术语的内涵如下:(1)市场参与者,是指在主市场(或最有利市场)进行资产和负债交易的买者和卖者;(2)有序交易,是指假定涉及到有关资产和负债的市场活动是司空见惯的交易;在早于公允价值计量日将有关交易的信息公布于市场;并且交易不是强制性交易,即非强迫或清算销售;(3)脱

---

❶ 葛家澍. 关于在财务会计中采用公允价值的探讨. 会计研究,2007 (11):3.

手价值，是指在计量日销售资产所收到的或转移负债所支付的价格（脱手价值），而非取得资产支付的价格或承担负债收到的价格（入账价值）；（4）主市场，是指报告主体销售资产或转移负债的交易活动发生在该项资产或负债交易量最大，且交易水平最高的市场；（5）最有利市场，是指考虑了各市场交易成本的情况下，报告主体以最高价格销售资产或以最低价格转移负债的市场，主市场（或最有利市场）使用的计量资产或负债公允价值的价格不应因交易成本而进行调整；（6）计量日，是指确定承诺（firm commitment）的那一天或那一天中的某一时点，以及嗣后的各个报告日。❶所谓"确定承诺"，指主体与非关联方之间确定性的协议，对双方均具有约束力，法律可以强制实施。

根据美国最新的研究成果，我们可以看出，公允价值是以市场为基础，以计量日可观察到的、公开的活跃市场的资产出售价格和负债转移价格（脱手价格）为目标。它面对的不是实际已存在的交易，而是买卖双方意欲成交的假想交易，主要参照相同资产与负债或同类资产与负债的市场价格进行估计。

我国《企业会计准则2006》在基本准则中引入了公允价值计量属性，与历史成本等其他四种计量属性并列。在《企业会计准则第22号——金融工具确认和计量》中，在借鉴国际会计准则的基础上，明确给出了公允价值的定义："公允价值，是在公平交易中，熟悉情况的交易双方自愿进行资产交换或负债清偿的金额。在公平交易中，交易双方应当是持续经营企业，不打算或不需要进行清算、重大缩减经营规模，或在不利条件下仍进行交易。"❷

对比美国最新的公允价值定义，可以看出，我国新企业会计准则所界定的公允价值的这一概念仍存在一些不足，主要体现在：

---

❶ 葛家澍. 关于在财务会计中采用公允价值的探讨. 会计研究，2007（11）：6.
❷ 财政部. 企业会计准则2006. 北京：经济科学出版社，2006：106.

(1) 没有体现出"交易主体虚拟性"的特征。公允价值在本质上是基于预期市场价格的,而不考虑特定个体参与交易的目的。因而,公允价值的交易主体是虚拟的,应是"市场参与者",而不应是"交易双方"。(2) 没有明确公允价值是脱手价值。在我国的定义中,没有明确指出公允价值是脱手价值还是入账价值,因而可以认为两者均被认可,但这就与资产和负债的定义有所偏离。(3) 没有明确计量日的时点概念。我国的公允价值概念中没有计量的时点概念,而美国公允价值准则中明确提出计量日是确定承诺日及以后的各个报告日。显然,我国对于公允价值的定义过于概括,没有明确界定公允价值的特征,这不利于会计实务界准确理解、计量与审计各要素的公允价值。因此,我国应借鉴国际上有关公允价值研究的最新成果,结合我国市场经济发展的现状与未来,对公允价值进行更科学的界定,在条件成熟时,及时制定有关的公允价值计量准则。

(三) 对公允价值的理解

正如真理具有绝对真理与相对真理双重含义,笔者认为,公允价值具有绝对公允价值与相对公允价值两重含义。绝对公允价值是指资产或负债的唯一的客观的公允价值,它是内在于某一项资产或负债的、客观存在着的价值;在某一时点,某一资产或负债受自身状况和市场环境的影响,它的公允价值是唯一的,但这唯一的客观价值往往是可遇而不可求的;它代表着人类追求事物的客观真实价值的理想,是会计人的最高追求。

相对公允价值是指市场参与者对资产或负债交换价值的一种估计,它是被普遍认可的一种公允价值,是对绝对公允价值的一种最佳(或接近于最佳)估计。"会计学中所讲的'公允价值'实际上不是'价值',而是基于新古典经济学的价格或马克思所讲的交换价值"。"财务报告中所报告的资产的公允价值实际上是在资产负债表日有关资产或负债价值的估计(而不是真实价值本身),即根据当时的交易状况对资产或负债价值所作的点估计"。❶ 由于会计中的公允价值实际上是点估计,点估计既不能够说明估计的准确度,也不能说明估计的精确度。而区间估计的优点是可以从置信区间了解到这种估计的精确度(precision)和准确度(accuracy)。准确度是指价值估计可信区间包含真实价值的概率的大小,一般而言概率越大越好。而精确度反映价值估计区间的长度,区间的长度越窄,估计的精确度越好,反之越差。精确度和准确度是我们确定公允价值是否"公允"的两个最主要的标准。限于人们的有限理性、环境的复杂性以及时间、成本方面的制约,市场参与者对于某一资产或负债价值的看法经常是不一致的,但总会在某一区间范围内达成一致的意见,这时的公允价值是被普遍认可的一种价值,它代表了一种相对公允价值。

公允价值需要估计与判断,具有相对主观性,这正体现了会计学的重要特色:会计是一种主观见之于客观的活动。公允价值计量只能够提供"近似正确"的会计信息,而无法确保绝对正确,但其他计量方法也同样无能为力。因此,只要公允价值能够得到合理的运用,"近似的正确"远胜于"精确的错误"。公允价值计量是会计发展的一个重要的里程碑,标志着会计正从成本计量转向价值计量、从静态反映转向动态反映、从收入费用观转向资产负债观,会计迎来了一个充满生机的发展契机。

对公允价值会计计量的应用依然存在很多争议,其中争议最大的就是公允价值计量的可靠性问题。能否得到既相关又可靠的公允价值是公允价值应用的难点。由于公允价值计量的复杂性和不确定性,加大了会计职业判断的难度,给企业会计人员与经营者带来了新的挑战。

---

❶ 陆宇建等. 基于不确定性的公允价值计量与披露问题研究. 会计研究, 2007, 2: 21.

(四)"真实与公允"与公允价值的渊源

公允价值之"公允"与英联邦国家会计乃至世界会计中著名的"真实与公允观"(True and Fair View)中的"公允"有着深厚的渊源关系。"嵌于公允价值概念中的公允性概念并不是新的"(Ijiri Y., 1975)。D. R. 斯考特(1941)很早就提出,公允是基于会计程序和数据之上的原则,会计程序和数据不应有特别的利益倾向。英国1844年股份公司法就规定,公司的资产负债表必须"充分和公允"(full and fair)。1947年英国公司法又用"真实与公允"代替了"真实和正确"、"全面和公允"。这是因为,英国最大的民间会计组织英格兰与威尔士特许会计师公会(ICAEW)认为"'公允'一词比'正确'好":估计是会计所固有的,在会计中绝对的"正确"是没有的,而"公允"一词弹性较大,它赋予会计职业界更多的职业判断。随后,"真实与公允"这一法律用语在英国成了编制财务报表至高无上的原则。

后来,真实与公允得到了更多的确认。莫尼兹(1961)强调公允性是会计中的基本假设;帕洛蒂(1965)也认为,公允性是财务会计的一个基础。英国会计准则委员会(ASB)在1993年6月发布的"会计准则前言"文件中,提到会计准则和"真实与公允观"的关系。主要包括下列几点:(1)会计准则是具有权威性的,它说明如何将企业交易和事项反映在报表内。所以在一般情况下,遵守会计准则可以显示"真实与公允观"。(2)在特殊的情况下,可以为了显示"真实与公允观"而偏离会计准则。在这种情况下,特别的会计处理方法必须基于公正(unbiased)和充分咨询(informed)的判断,以忠实地反映商业活动为目的。在财务报表上,必须揭示偏离的详细情况、原因以及对报表的影响。

然而,"公允"的概念是非常难定义的。艾尼特(1967)就讨论过处理公允性概念的困难。从字面上看,"公允"二字是道德上或法律上的范畴,不是经济上的范畴。作为一种最高原则和比准则更高的规范,英国会计最高理想"真实与公允观"(True and Fair

View)是按法律上的判决行事的。会计准则上对此没有明确的解释。

对许多英联邦和欧洲国家来说,"真实与公允观"是财务报告一个主要而神秘的特征。人们对它的理解各不相同。为了探索这些不同的见解,帕克和诺比斯(1994)广泛调查了英语文献、英国公司财务总监、英国审计师及准则制定机构对"真实与公允观"的看法,考察了真实与公允要求对欧共体第 4 号指令的影响和澳大利亚关于"真实与公允观"的争论,写出了 155 页的专著《真实与公允会计的国际观点》(An International View of True and Fair Acconting)❶。书中列举的诸多理解涵盖了我们今天所知道或所能想到的几乎所有对会计信息质量特征的理解和描述。这在某种程度上说明该观念蕴意深广,颇有些只可意会,不可言传之妙。

谢诗芬论证指出:"公允价值不但真实,而且比历史成本更真实","公允价值不仅是公允的,而且是真实的,'真实与公允'完全可以代表公允价值的根本特征"。❷ 因此,公允价值的根本特征可以用"真实与公允"予以简洁的表达。

二、公允价值带给会计职业判断的挑战

与历史成本、现行成本、现行市价等计量属性相比较,在计量结果上,公允价值计量结果会更多地体现会计主体的专业水准和职业判断要素。公允价值计量带给会计职业判断新的重大挑战。

会计主体的职业判断在公允价值计量中的重大影响,是由公允价值计量属性本身的特点所决定的。历史成本、现行成本、现行市价等计量属性都各具有不同的特点,这些不同特点都可以从时态、空间、交易或事项的发生情况去识别,而公允价值却是从一个全新

---

❶ R. H. Parker and C. W. Nobes. An International View of True and Fair Accounting. Published by Routledge, 1994.

❷ 谢诗芬. 公允价值:国际会计前沿问题研究. 湖南人民出版社,2004:98.

的角度——公允市场价格来突出其独特性。公允价值在不同情况下可以表现出不同的计量属性,因市场交易具有可直接确认或可观察或只能估计等多种情况,很难断定公允价值本身究竟是依据现行市价还是未来现金流量的现值,因而会随市场交易情况和会计人员的职业判断能力强弱而变动。

公允价值和历史成本相比较,历史成本是以实际发生的交易为前提并从企业投入价值角度所进行的计量,而公允价值既可以基于实际交易也可以是假定的,是站在市场的角度采用公平的价值来计量的,隐含着对未来的假设和预测,使会计师的专业判断从对现实经济市场的观察认识转向对未来市场的分析判断;从现行成本与公允价值的区别看,现行成本强调站在某企业主体角度的投入价值,而公允价值强调站在独立于企业的主体的市场角度的市场价值,两种计量属性,会计职业判断视野是截然不同的;现行市价与公允价值是最为接近的,与市场价值的联系更为密切更直接,但前者并不强调市价的公允性,即交易的市场是否公开,活跃无特定要求,而公允价值这一概念源于法律,法律意义上的公允价值是指得到公众认可的价值,公允价值更强调的是市场的"公允性",两者在价值计量中的职业判断视角不同。而且,现行市价完全依赖于可观察的市场价格,而公允价值需要对市场信息的分析、综合、预测和计算。这些信息可能是过去的、现在的、也可能是对未来的估计和假设。因此,从难易程度上相比而言,公允价值的计量更具复杂性和风险性,最鲜明的特点是现值估价技术在会计计量中的应用。

公允价值计量属性的应用给会计职业判断带入了一个新领域,使会计准则的执行者不但是会计报表的编制者,而且在一定程度上还应该是估价师,也使会计职业判断在价值评估中有所体现。但我们也要谨防另一种不良趋势的倾向,过分强调会计的估计与判断,即过分强调会计的主观性,使会计越来越变得像一门"艺术"(art)而不是一门科学。会计人员绝不可能放弃自身的基本职责,完全成为一个估价师,否则,会计就会走向歧途,就会丧失会计

"过程的控制与观念的总结"的应有职能，会计职业也就不复存在了。

三、公允价值在我国新会计准则中的应用

我国新会计准则中已全面树立公允价值理念，在基本准则中鲜明地提出公允价值计量属性。在 38 个具体会计准则中涉及会计要素计量的有 30 个，其中，据笔者统计，有 20 个程度不同地运用了公允价值计量属性。在有关会计披露的 8 个具体会计准则中，涉及公允价值信息披露的有《准则 30——财务报表列报》、《准则 31——现金流量表》、《准则 37——金融工具列报》等三项准则。特别是在"金融工具列报"准则中对公允价值信息的披露做出了较为详细的规定。公允价值理念符合会计发展的客观规律，符合社会公平正义的根本要义，符合时代发展的客观要求。随着我国社会主义市场经济体制的逐步完善，证券市场的改革和发展，公司治理的强化、提高运作的透明度、违规行为的惩处、上市公司综合监管体系等方面长足的进步，公允价值计量模式的应用程度会更深，范围将更广。

在全面树立公允价值理念的前提下，我国在具体运用公允价值计量时采取了审慎、务实的态度，公允价值的运用是有条件的、谨慎的。首先，表现在基本准则中会计计量的总体原则：企业对会计要素进行计量时，一般应当采用历史成本。这实际上是在强调历史成本计量在我国会计计量中的主导地位。这也说明，我国是在坚持以历史成本计量为基础的前提下，引入重置成本、可变现净值、现值和公允价值的。公允价值计量具有非主导性。其次，表现为具体准则中运用条件的严格限制。比如，在投资性房地产准则中就明确规定采用公允价值模式计量的，应当同时满足下列条件：一是投资性房地产所在地有活跃的房地产交易市场；二是企业能够从房地产交易市场上取得同类或类似房地产的市场价格及其他相关信息，从而对投资性房地产的公允价值做出合理的估计。可见在投资性房地

产准则中,禁止含有较多假设的估值技术的应用,只有在具有一定的可靠性的基础上才能够使用公允价值,并不是所有投资性房地产都可以采用公允价值。再比如,在非货币交易中对于公允价值的运用,须满足两个前提条件,即该项交换必须具有商业实质,并且换入资产或换出资产的公允价值能够可靠计量。其中,商业实质是指换入资产的未来现金流量在风险、时间和金额方面与换出资产显著不同,或者是换入资产与换出资产的预计未来现金流量现值不同,且其差额与换入资产和换出资产的公允价值相比是重大的。而且在确定是否具有商业实质时,还要求企业应当关注交易各方之间是否存在关联方关系。关联方关系的存在可能导致发生的非货币性资产交换不具有商业实质。这些前提条件,将有效制约以非货币性资产交换的方式操纵收益的行为。

从这些规定中,我们可以看出,公允价值的应用是有严格的限制条件的,公允价值不允许被滥用。新准则要求公允价值要"持续可靠取得"而不是"估估而已",公允价值不再是橡皮尺子。公允价值要想成为利润操纵的工具需要同时具备三个要素:上市公司管理层蓄意造假、会计审计人员失去职业道德与证券市场监管失灵。事实上具备了这三个要素,任何制度也不能有效发挥防护作用,再好的准则也无能为力。❶

在充分实现与国际会计准则趋同的前提下,新企业会计准则在公允价值运用上充分考虑我国的现实国情。我们没有盲目为实现趋同而完全放弃我国的特色,趋同不是等同,趋同是一个过程,趋同是一种互动。新准则除了程度上保持应有的谨慎之外,在操作层面的具体操作方法上也保持了特色。例如,《企业会计准则第3号——投资性房地产》第16条规定:"自用房地产或存货转换为采用公允价值模式计量的投资性房地产时,投资性房地产按照转换当日的公允价值估价,转换当日的公允价值小于原账面价值的,其差

---

❶ 刘泉军,张政伟. 新会计准则引发的思考. 会计研究,2006,3:8-9.

额计入当期损益；转换当日的公允价值大于原账面价值的，其差额计入所有者权益。"但这一规定与《国际会计准则第 40 号——投资性房地产》57 段的规定具有明显的不同。这主要是为了消除拥有巨额物业的房地产上市公司确认投资性房地产而产生巨额账面利润的可能性，防止利润操纵的发生。

四、公允价值的运用与会计职业判断

公允价值的本质特征决定了它是一种以市场为基础的虚拟的交易价格，交易并没有实际发生，所以运用在很大程度上要依赖于会计职业判断。这主要表现在：公允价值的适用条件离不开会计职业判断；公允价值的金额确定离不开会计职业判断；公允价值的信息披露离不开会计职业判断。

（一）公允价值的适用条件离不开会计职业判断

与国际会计准则相比，我国会计准则体系在确定公允价值的应用范围时，充分考虑了我国的国情，做了谨慎的改进，在应用上只是趋同而不是照搬，并设定了较为苛刻的运用条件。首先，在基本准则中，对公允价值的使用就做了严格的限制，即采用公允价值计量的，应当保证所确定的会计要素金额能够取得并可靠计量。这就指出了公允价值运用的两个先决条件：一是对所计量的会计要素而言，公允价值必须能够取得，不能取得公允价值当然就无从计量；二是对所确定的会计要素，公允价值必须能够可靠计量。这是第一个条件的延续和扩展，而且更具有重要性。这种做法事实上将公允价值的运用范围主要限定在第一和第二层次上，即存在活跃交易市场的，资产和负债的公允价值按市场报价确定，不存在活跃交易市场的，资产和负债的公允价值按类似资产和负债可观察到的市场价格确定。至于第三层次的公允价值，不论采用何种估值模型，除非上市公司能够证明其可靠性，否则，其运用将受到严格限制。基本准则这种规定相当于对运用公允价值计量嵌入了一个醒目的"救济条款"或"豁免条款"。"在引入公允价值时嵌入'救济条款'或

'豁免条款'，堪称是一种制度创新，在倡导会计信息相关性的同时，又最大限度地强调了会计信息的可靠性"。❶

其次，在具体准则中，对个别交易或事项应用公允价值又给出了具体的限制条件。例如，对投资性房地产，《企业会计准则第3号——投资性房地产》规定，有确凿证据表明投资性房地产的公允价值能够持续可靠取得的，可以对投资性房地产采用公允价值模式进行后续计量。采用公允价值计量的，必须同时满足的两个条件，即投资性房地产所在地有活跃的房地产交易市场，且企业能够从房地产交易市场上取得同类或类似房地产的市场价格及其他相关信息的，从而对投资性房地产的公允价值作出合理的估计。能否满足这些条件，需要会计职业判断，而满足应用公允价值条件的基础上是否采用公允价值计量，也需要会计职业判断。由于投资性房地产应用条件苛刻，我国缺乏权威的专业评估机构以及评估十分复杂和困难，在2007年年报中公允价值计量在投资性房地产中遇到冷遇。❷

(二) 公允价值的金额确定离不开会计职业判断

1. 公允价值估价技术与层级

计量公允价值常用的估价技术包括三种：市场法、收益法和成本法。市场法是指使用相同或可比的资产或负债的市场交易价格或信息来计量公允价值；收益法是指使用估价技术将未来多笔金额转换成当前单笔金额来计量公允价值，例如现值技术和期权定价模型等；成本法是指以当前可以替代资产的服务能力的金额为基础来计量公允价值，通常使用现行重置成本。

公允价值应采用适当的估价技术和可以取得的充分数据。有时只用单一的估价技术可能是适当的，如在活跃市场上相同的资产或负债有报价，以该报价对其进行估价；有时采用多种估价技术可能

---

❶ 黄世忠. 关注新会计准则：公允价值的十大认识误区. http：//www. cs. com. cn/ssgs/04/200705/t20070510_ 1099517. htm.

❷ 孙闻. 投资性房地产公允价值评估受冷遇. 证券时报，2008 – 01 – 10 (C02).

是适当的。若采用多种估价技术来估算公允价值,应考虑每种估价技术应赋予的权重,并进行加权计算得到结果,如报告主体认为利用市场法这种估价技术得到的价格比利用成本法得到的价格更能够代表公允价值,可以将市场法赋予较高的权重。

公允价值的估价技术应前后期保持一致。但是若因出现了形成新市场、获得新信息、以前的信息不再适用以及估价技术改进等变化,报告主体对估价技术及其应用的变更,由此得到的估价结果更能够代表公允价值,那么这种变更是适当的,并且作为会计估计变更。

SFAS 157 中,按照参照信息的优先秩序将用来估计公允价值的估价技术分为三个等级。参照信息可以分为可观察信息和不可观察信息。可观察信息是反映市场交易者以从报告主体以外获取的市场数据为依据而形成的,用于对资产或负债定价的假设的信息。不可观察信息是报告主体自己关于市场交易者使用的,基于从所处环境中所得到的最充分的信息而形成的,用于对资产或负债定价参照信息假设的假设。公允价值的估价技术应尽可能地使用可观察信息,同时尽量减少不可观察信息的使用。

公允价值的估价技术分为三个等级,具体如下:第一层级参数,是指在计量日报告主体有能力获得的活跃市场中相同资产或负债的不需调整的报价。活跃市场的报价为公允价值提供了最为可靠的数据,在可能的情况下应当尽量选用这一层级的参数进行公允价值计量。第二层级参数,是指可以直接或间接观察到的资产和负债的参数,但是又不属于第一层级的那些参数。第三层级参数,是指资产和负债的不可观察参数。只有当可观察的参数无法获得时,才允许使用不可观察参数计量公允价值。

公允价值的三种估价技术与公允价值层级之间并没有一一对应关系,每一种估价技术都可能使用到各个层级的参数,有些情况下甚至要同时使用不同层级的参数。判断公允价值层级的依据是,计量公允价值所使用的估价技术中所用到的最低层级的主要参数。评价某一参数对公允价值计量整体的影响程度,要考虑资产或负债的具体情况。参数的可获得性及可靠性会影响恰当估价技术的选择，但是，公允价值级次强调的是估价技术所使用的参数，而不是估价技术本身。❶ 公允价值等级将最高级别赋予等级一，它反映在活跃交易市场上资产或负债的报价，最低级别的是等级三，它反映的是不可观察信息。

2. 我国企业会计准则中有关公允价值的确定

我国没有专门的公允价值计量准则，对公允价值具体确定的方法散见于几个具体会计准则中。下面笔者就结合几个具体准则，分析公允价值的确定方法。

（1）投资性房地产公允价值的确定。企业应当从房地产交易市场上取得同类或类似房地产的市场价格及其他相关信息，从而对投资性房地产的公允价值做出科学合理的估计。同类或类似的房地产，对建筑物而言，是指所处地理位置和地理环境相同、性质相同、结构类型相同或相近、新旧程度相同或相近、可使用状况相同或相近的建筑物；对于土地使用权而言，是指同一城区、同一位置区域、所处地理环境相同或相近、可使用状况相同或相近的土地。在对投资性房地产估值时，需要企业经营者与会计人员作出合理判断。为使估值结果可信，通常需要取得资产评估机构的评估结果。

（2）债务重组中公允价值的确定。在债务重组准则解释指南中，给出了属于存货、固定资产、无形资产等非现金资产的公允价值确定方法：存在活跃市场的，应当以其市场价格为基础确定其公允价值；该资产不存在活跃市场、但与其类似资产存在活跃市场的，应当以类似资产的市场价格为基础作适当调整后，确定其公允价值；在上述两种情况下仍不能确定非现金资产公允价值的，应当根据交易双方自愿进行的、公允的资产交易金额为依据确定其公允价值，交易双方协议的价格不公允的除外。

---

❶ 于永生，汪祥耀. 美国新发布的"公允价值计量"准则及其启示. 审计与经济研究，2007，05.

(3) 金融资产公允价值的确定。在《准则 22 – 金融工具的确认和计量》中，金融工具的公允价值的确定方法如下：

存在活跃市场的金融资产或金融负债，活跃市场中的报价应当用于确定其公允价值。活跃市场中的报价是指易于定期从交易所、经纪商、行业协会、定价服务机构等获得的价格，且代表了在公平交易中实际发生的市场交易的价格。金融工具不存在活跃市场的，企业应当采用估值技术确定其公允价值。采用估值技术得出的结果，应当反映估值日在公平交易中可能采用的交易价格。估值技术包括参考熟悉情况并自愿交易的各方最近进行的市场交易中使用的价格、参照实质上相同的其他金融工具的当前公允价值、现金流量折现法和期权定价模型等。企业应当选择市场参与者普遍认同，且被以往市场实际交易价格验证具有可靠性的估值技术确定金融工具的公允价值。

初始取得或源生的金融资产或承担的金融负债，应当以市场交易价格作为确定其公允价值的基础。债务工具的公允价值，应当根据取得日或发行日的市场情况和当前市场情况，或其他类似债务工具的当前市场利率确定。企业采用未来现金流量折现法确定金融工具公允价值的，应当使用合同条款和特征在实质上相同的其他金融工具的市场收益率作为折现率。没有标明利率的短期应收款项和应付款项的现值与实际交易价格相差很小的，可以按照实际交易价格计量。

(4) 资产减值中公允价值的确定。在资产减值中的可收回金额的确定，需要用到公允价值。根据资产减值准则的规定，我们可以推出公允价值的确定方法是：如果公平交易中存在销售协议价格，就以销售协议价格代替公允价值；不存在销售协议但存在资产活跃市场的，应当以该资产的市场价格（通常应当根据资产的买方出价确定）确认公允价值；在不存在销售协议和资产活跃市场的情况下，应当以可获取的最佳信息为基础，估计资产的公允价值。

3. 公允价值确定中的职业判断

公允价值的计量，无法采取哪一种确定方法，都需要会计主体根据具体情况,作出估计与判定。在计量确定公允价值的每一个环节都需要会计职业判断。例如,采用市价法确定公允价值时,要依次经历选择参照物、分析比较因素、调整基础价格、确定计量结果等环节,各个步骤都需要计量人员运用专业知识、经验和技能进行判断。在作出判断时,还要注意一些特殊类型的交易:发生在一个或多个的正经历财务困难的企业之间的交易;发生在关联方企业之间的交易;按以前签订好的合同进行的交易;受到了其他的与之相关联交易影响的非独立交易;不经常性的交易等。由这些交易得出的市场价格不是公允价值,应予以剔除。采用收益法,运用估价技术时,作出判断时所使用的估计应当与市场的参与者所使用的估计和假设相一致,例如,市场利率、政府和行业的统计数据等。在使用现值技术时,需要对未来现金流量的金额、时间、折现率加以确定,还要考虑风险因素的影响,这些都需要经营者与会计人员做出恰当的职业判断。

公允价值公允不公允,关键在于会计职业判断的合理、恰当与否。公允价值的合理确定有赖于企业管理当局和会计人员的职业判断恰当运用。

(三) 公允价值的信息披露离不开会计职业判断

在 SFAS157 "公允价值计量"中是对公允价值披露提出更高的要求:一是区分连续和非连续公允价值计量的资产和负债的披露;二是强调公允价值计量范围、计量方法及计量对收益影响的披露;三是要求本期所有公允价值计量的资产和负债列表集中披露。

我国新企业会计准则规定,企业应按不同的资产类别披露公允价值信息,这些信息包括确定公允价值所采用的方法、估价技术应用的情况、公允价值变动对损益产生的影响。对于一些具体项目,准则对其公允价值的披露还作出特殊规定。例如,按公允价值计量的投资性房地产还应同时披露成本计量模式向公允价值计量模式转换的情况,按公允价值计量的生物资产亦应分类披露实物数量、年内数额的变动情况及其分类变动数额等。再如,对金融工具公允价值的披露，金融工具列报准则规定，企业应当按照每类金融资产和金融负债披露下列信息：（1）确定公允价值所采用的方法，包括全部或部分直接参考活跃市场中的报价或采用估值技术等。采用估值技术的，按照各类金融资产或金融负债分别披露相关估值假设，包括提前还款率、预计信用损失率、利率或折现率等。（2）公允价值是否全部或部分采用估值技术确定，而该估值技术没有以相同金融工具的当前公开交易价格和易于获得的市场数据作为估值假设。这种估值技术对估值假设具有重大敏感性的，披露这一事实及改变估值假设可能产生的影响，同时披露采用这种估值技术确定的公允价值的本期变动额计入当期损益的数额。对于不存在活跃市场的金融资产或金融负债，采用更公允的相同金融工具的公开交易价格或估值结果计量的，应当按照金融资产或金融负债的类别披露下列信息：在损益中确认原实际交易价格与公允价值之间形成的差异所采用的会计政策；该项差异的期初和期末余额。

在财务报告中，仅仅在表内提供公允价值这一单一货币金额仍然是不够的，因此要求上市公司报告有关公允价值的不确定性信息就显得尤为必要。❶ SFAS157 也强调对估计公允价值的输入变量进行披露，提供有利于财务报告的使用者做出投资、信贷或类似决策所需要的信息。因此，我们必须改变会计信息披露和列报的方式，即不仅要在主表中列报公允价值（集中趋势），更需要在附注中披露价格的可能区间与变异性，如概率分布（离中趋势），从一维信息披露扩展到二维信息披露。因此，在财务报告中，需要披露的信息主要应包括：

（1）资产或负债交易价格的区间。交易价格的区间直观地反映了资产或负债价格的变异程度，披露该不确定性信息简单且易于操作。

（2）披露价值估计的概率分布（PD）或概率密度函数

---

❶ 陆宇建等，基于不确定性的公允价值计量与披露问题研究，会计研究，2007，2：22.

(PDF)。离散型随机变量的分布和连续型随机变量的概率密度的估计，不论在公允价值理论上还是在公允价值的应用上都具有重要意义。

（3）进行敏感性分析。国际会计准则和我国会计准则要求披露敏感性分析，即假设在资产负债表日相关风险变量已经发生合理、可能的变化的条件下，对公允价值的可能变化以及对公司损益及所有者权益所产生的影响进行披露。例如，对衍生金融工具进行敏感性分析比单纯披露其名义价值或公允价值的做法更为可取。

（4）披露有关风险价值的信息。风险价值（VAR）可用于提供报表中列示的资产或负债的公允价值在一定置信度上、在既定时期内、最大的潜在损失额，其数值可以看做是该资产或负债公允价值所面临的损失的上限。该信息对财务报表使用者理解主表中的公允价值是十分有用的。

在做出上述披露时，就需要会计人员进行职业判断，选择出与信息使用者最相关的、最有价值的信息进行披露。哪些信息必须披露，什么信息可以披露，什么信息可以不披露，披露时如何披露等等诸多问题，都离不开会计职业判断，依赖于会计职业判断。

五、公允价值计量职业判断的难点

（一）缺乏系统的具有可操作性的准则

FASB 的 SFAS157 和 SFAS159 提供了一个统一指导公允价值会计实务的理论框架，为公允价值的运用给予了充分的指导，有利于公允价值在会计中和审计中的实际应用。反观我国对公允价值的规定，散见于各项具体准则中，是零散的、不系统的。而且准则的规定基本上都是原则性的规定，缺乏详细的可操作性强的具体应用指南，导致企业经营者和会计人员无所适从。这显然不利于公允价值在实务中的应用，特别是在我国现有的市场环境下，会计人员缺乏职业判断意识，综合素质不高，内外监管机制又不健全，在具体计量公允价值有时就无所适从，甚至随意确定公允价值的金额。

(二)经营者和会计人员难以胜任职业判断的要求

会计职业判断与判断者所拥有的专业知识、有效经验、专业技能以及职业道德密切相关。以原则为基础的会计准则和日益复杂多变的经济活动扩展了会计职业判断的范围,加大了职业判断的难度。现实中经营者与会计人员的职业素养偏低,难以胜任复杂的会计职业判断要求。其中,会计人员职业素养不仅包括财务会计、财务管理、审计、税务等理论知识,还包括丰富的经验。但由于长期以来的客观条件及主观因素的制约,会计人员侧重于学习会计理论知识,将经济业务的账务处理更多地作为操作技术,没有从更广泛和开放的视角思考会计环境,缺乏对经济业务不确定性的判断能力的培养,从而在一定程度上影响了对相关业务公允价值的判断能力。

(三)监管弱化,缺乏有效的制度安排

公允价值计量的有效运用,需要建立有效的监管体系。目前,我国的行业自律基础薄弱、政府行政监管缺乏力度、相关的法律法规不尽完善,而作为"经济警察"的注册会计师审计由于受制于种种条件制约,社会监督的作用也不够理想。同时完善的公司治理结构也没有在大多数企业建立起来,股东大会、董事会、监事会的法定权限受到限制,甚至受制于经理层,使公司的内部治理结构不能满足现代企业制度的要求。在企业内部,也缺乏有关公允价值的有效的内部控制制度,造成公允价值运用过程中的主观性和随意性,公允价值往往很难达到"公允"。

(四)市场不够发达,缺乏必要的数据支持

公允价值会计的实施离不开良好的市场环境的支持。虽然,"公允价值只要求公平交易市场,并不一定要求活跃市场,它对市场环境的要求并不高"。❶ 但是,在公允价值的具体使用过程中,市场环境的支持作用,还是非常突出的。我国的市场经济虽有很大

---

❶ 谢诗芬. 公允价值应用的市场环境辨析. 财经论丛,2001,1: 61.

的发展，但公平、有序的市场竞争秩序尚未形成。在计量公允价值的等级系统中，FASB把未调整交易成本的现行市价排列在了等级系统的第一层，强调了公允价值计量的"市场参数输入"。市场经济成熟的国家有一个成熟的信息系统，有相应的机构每个月发布相关信息，有很多公允市价和相应的行业参考价格、模型、指数和参数，公允价值较容易取得；而我国市场经济不成熟，其信息数据并没有在一个公开的网络或全国性的行业价格平台上披露，也就是说价格体系不完善，无法给公允价值一个统一的标准或者评价。

六、规范职业判断，合理运用公允价值计量的对策

（一）建立公允价值具体准则或指南，提供理论指导框架

为了有效地运用公允价值计量，我们应当加强对公允价值的理论研究，在充分借鉴国际最新经验的基础上，明确公允价值的内涵与外延，并结合我国的现实国情，制定出公允价值的具体应用指南。在条件成熟时，尽快出台独立的"公允价值计量"具体准则。在具体准则或应用指南中，应尽可能增加其可操作性，减少一些较抽象的、模糊的规定。

（二）加强教育培训，不断提升职业判断能力

要加强对经营者和会计人员的教育与培训，帮助广大会计人员尽快了解、熟悉和掌握新的会计准则，熟悉现代化的会计处理手段，通晓与会计相关的经济、金融、贸易、外汇等相关知识。在教育与培训过程中，要使会计人员正确理解公允价值的含义，把握公允价值运用的前提条件，重点掌握公允价值的估价技术的适用条件、范围、程序、确定方法与影响因素等内容，不断提升会计人员运用公允价值的职业判断能力。同时，加强职业道德教育，努力提高判断者的职业道德水平，为公允价值的恰当运用提供保障。

（三）加强会计监管，提供制度保障

要建立健全以行业自律为基础、政府行政监管为主导、法律法规的完善为准绳的三位一体的监管体系，充分发挥注册会计师"经济警察"的社会监督作用,加强财政、审计、证券监管等部门对企业的业务检查和审计,尤其是要加强对准则、制度执行质量的监督检查。在完善相关法律法规的同时,对借职业判断之名弄虚作假和违反财经纪律的行为,必须加大处罚力度,加大违规成本,有效约束和监督企业会计职业判断行为,促进公允价值的合理、有效运用。同时在企业内部,要建立健全有关公允价值的内部控制制度。例如,制定与公允价值变动有关的跟踪、记录制度,建立对公允价值变动专人负责、定时按照既定途径收集数据的制度,建立董事会在财务报表日对公允价值变动进行审核的制度。

(四)加强市场体系与信息化建设,提供数据支持

我们必须继续深化经济体制改革,不断完善产品市场、生产要素市场、资本市场等市场环境的建设,不断改进价格的发现机制。同时,我们也要加强信息化建设,不断提高信息的及时性、准确性和应用的广泛性。通过加强市场体系与信息化建设,为公允价值计量提供数据支持。这不仅会大大降低公允价值会计的实施成本,而且也会增加公允价值的可靠性,缩小利用公允价值进行盈余管理的空间。

第四节 会计重要性的职业判断研究

一、重要性的概念

(一)会计重要性的概念

重要性在会计职业判断与审计判断中都具有重要作用。重要性职业判断渗透于财务会计和报告程序中的每一个部分,在会计活动中占有相当重要的地位,是足以影响财务会计报表公允表达和充分披露的会计活动。重要性是决定会计信息应否提供的关键。通过重要性的检验,才需考虑相关性与可靠性,才需要陈报此项信息,故重要性被称为"承认质量的起端"或"确认的界限"。财务舞弊案

的历史事实表明,不当使用重要性原则的会计伎俩,导致会计信息虚假陈述,是诱导许多舞弊案发生的原因之一。误用和滥用重要性原则的现象已经成为影响会计信息质量的一大障碍。

对会计中的重要性概念,有很多种定义和描述。美国财务会计准则委员会(FASB)在第二号财务会计概念公告里如是定义重要性的:"财务报表里,某一项目的遗漏或错报如果依当时周遭情况,其分量的轻重程度可能使一位理性人依赖该报告的判断,会因该项目的补充或更正而改变或受影响的话,则该项目是重要的。"国际会计准则委员会(IASC)在"财务报表的编制与披露框架"里,将重要性概念定义为:"重要性是相关性的一个因素。如果一个信息的遗漏或错报会影响使用者以该财务报表为基础的经济决策,则该信息是重要的……所以重要性是一个门槛或取舍点。"

在2006年颁布的《企业会计准则——基本准则》在第二章提出重要性的会计信息质量要求,"企业提供的会计信息应当反映与企业财务状况、经营成果和现金流量等有关的所有重要交易或者事项"。在《财务报表列报》具体准则中给出了重要性的概念,"重要性,是指财务报表某项目的省略或错报会影响使用者据此作出经济决策的,该项目具有重要性。重要性应当根据企业所处环境,从项目的性质和金额大小两方面予以判断"。

可见,在我国的会计标准中,对重要性的认识有两个方面:一是重要性的会计信息质量要求(或称作重要性原则),它出现在《企业会计准则——基本准则》和《企业会计制度(2001)》第一章总则中;二是重要性,实质是指重要性项目,它在"财务报表的列报"具体准则中被明确界定。人们日常提及重要性时,经常对此不做区分,通称会计重要性。

(二)审计重要性的概念

重要性也是现代审计理论的一个非常重要的概念,国际审计界对它的定义多源于会计理论中对重要性的定义。根据《国际审计准则——审计重要性》的说明,"重要性"是指,"信息的错报或漏报足以影响使用者根据财务报表所做出的经济决策,那么该信息是重要的"。我国《注册会计师审计准则1221号——重要性》中给重要性所下的定义与此类似,"重要性取决于在具体环境下对错报金额和性质的判断。如果一项错报单独或连同其他错报可能影响财务报表使用者依据财务报表作出的经济决策,则该项错报是重大的。"

(三)重要性判断的考虑角度

会计和审计对重要性的判断,无论从性质还是从数量角度,最终都是以会计信息使用者决策的需要为依据。对于会计信息使用者关注的事项,会计应分项核算,力求准确,详细披露。由于会计和审计对重要性的判断最终需考虑会计信息使用者的需要,会计中重要性规范的是事前与事中的会计处理,而审计是对会计信息的再次确认,其重要性规范的是对会计处理结果的事后审核。因此,会计重要性的判断会影响审计重要性的判断。

会计、审计职业规范中的重要性定义是一个信息使用者导向的定义。那么以谁作为会计信息使用者进行重要性考虑呢?IASB"财务报表的表达与编制框架"认为,就一个以赢利为目的的主体来说,考虑投资者是主体风险资金的提供者,所以财务报表的提供应该满足这些人的需要,且只要满足了这些信息使用者的需要,也就满足了其他信息使用者的大部分需要。但是,人们对信息使用者的认识是有差异的。如比弗(1978)认为作出重要性判断的人应该是如财务分析师一样有高水准会计知识的职业使用者,其他人却认为使用者应该是会计知识较为贫乏的一般谨慎投资者。在信息使用者问题上的尴尬认识,在很大程度上弱化了重要性判断结果的一致性。国际会计师联合会(IFAC)下设的国际审计与鉴证准则理事会(IAASB)在最新相关准则的修订中已充分认识到这一问题的严重性,并明确表明审计师的重要性确定是一种职业判断,且这种判断要受到审计师对财务报表使用者信息需求理解的影响,这种判断还要基于使用者群体对财务报表的一般需求来考虑,而不考虑具体使用者,因为他们的需求是因人而异的。另外还进一步明确表明审计师对使用者作出以下假设是合理的:(1)对企业经营活动和会计有合理的知识和了解,愿意合理谨慎地研究财务报表中的信息;(2)了解财务报表的编制与审计是以重要性水平完成的;(3)能认识到对未来事项的计量存在固有不确定性;(4)能够基于财务报表中的信息作出理性的经济决策。

二、重要性判断的标准

如何来判断一个项目是否具有重要性呢?我们从哪些方面来衡量?有没有放之四海而通用的标准?

(一) 重要性的质量因素和数量因素

我国的《企业会计准则第 30 号——财务报表列报》中指出,"重要性应当根据企业所处环境,从项目的性质和金额大小两方面予以判断"。在该准则指南中又进一步明确,"判断项目性质的重要性,应当考虑该项目的性质是否属于企业日常活动等因素;判断项目金额大小的重要性,应当通过单项金额占资产总额、负债总额、所有者权益总额、营业收入总额、营业成本总额、净利润等直接相关项目金额的比重加以确定"。

笔者认为,上述表述存在一定的问题。金额一般是指一定数量的货币单位,它是一个绝对量。而上述判断项目金额大小重要性时,则是以一定的比重即相对量为基础加以确定的,相对量就是其与同质量信息的总数为基期的比值。相对量是数量,但不是(度量衡的)量,它只表达两个事或物之间的关系,它联系了一个事或物的绝对量与相关的基准,使它具有一定的性质意义。换言之,相对量的概念与交易或事项的性质有关,是构成性质的一部分。所以说,相对量包含一定的性质意义。

因此,我们认为对重要性的考量应从质量因素和数量因素出发。在美国证券交易委员会 1999 年发布的第 99 号会计人员公告(Staff Accounting Bulletins,SAB99)《重要性》,强调指出"对重要性作全盘综合分析判断时,应当同时考虑质量因素及数量因素"。

叶清辉博士认为：质量因素不等于性质；数量因素也不是就等于金额。性质包括质量因素与相对量，因为金额就是绝对量，数量因素包括金额与相对量。其关系见图 4-1。❶

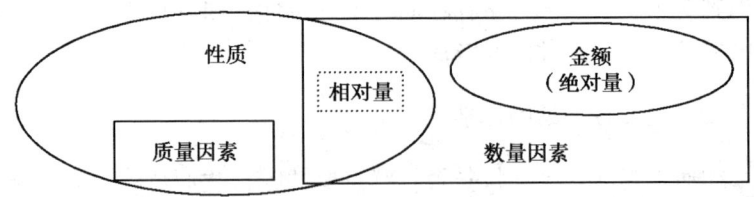

图 4-1　质量因素、数量因素与性质、金额的关系

事或物的重要与否或重要性程度，本质上就是一个相对的或比较的概念。要呈现相对或比较的概念，当然必须有两个以上的事物做比较，才能显现其间的比较关系。同样地，单笔会计信息的金额对于必须以整体报表为观点作判断依据的重要性决策而言，是没有意义的。判断会计信息的重要性，除了金额外一定要同时考虑交易或事项的性质做全盘分析。数量包括绝对量和相对量，例如，SAB99 批评实务界在应用重要性原则时，都只考虑数量因素，以经验法则认定税前净收益的 5% 为重要性门槛并自行认定金额小于门槛的项目都是不重要的项目。在 SAB 的概念里，数量因素里包含有金额和相对量的概念，相对量是数量与性质的综合。因此，会计信息的重要性是由信息内容的交易或事项的质量和数量搭配交互作用形成的。

（二）重要性需要考虑环境因素

企业的生产经营活动是处在一定的社会经济环境中的。企业所生产的会计信息也是在某一特定环境下发挥作用的，其对信息使用者的影响不能不考虑企业所处的环境。重要性的判断离不开特定的环境。企业不同或时间不同判断重要性的标准也就不同，重要不重

---

❶ 叶清辉. 对重要性的再认识. 厦门大学博士论文，2003.

要是相对的,对重要性的评估需要运用专业判断。环境因素可分为外部环境和内部环境。外部环境主要包括经济环境、法律环境、文化环境等,特别需要关注的因素有监管法规的变化、行业受关注的程度、证券市场的运行状况等;内部环境主要有企业的规模、企业的发展阶段、企业面临的主要问题等。但不同规模的企业在判断某一会计事项是否重要时,量的标准是有很大差异的。比如,一个资产总额一亿元的企业和一个资产总额一百万的企业,判断某一项目是否属于重要性事项,其数量标准就可能有很大的差异。

(三)不存在唯一固定的重要性标准

重要性概念与标准在确定具体会计信息是否应该向公众披露时非常关键。如果一个项目(或其金额)是重大的,就应该对外披露;反之,任何项目(或者其金额)不重大的话,就不必单独对外披露。这就表明并不是所有的财务信息都需要披露,也并不是所有的错误都需要予以更正。判断项目的重要性时,是否能够得出一个会计信息项目的适用于一群使用者的唯一固定的重要性标准?由于不同的信息使用者有不同的禀赋与偏好,要想所有的使用者达成一致意见是不可能的。因此,就一个项目得出一个唯一固定的重要性标准在理论上说是不可行的。

三、重要性判断的具体运用

我国在2007年首先在上市公司中实施的企业会计准则中,很多方面体现了会计重要性,主要表现在以下六个方面。

(一)非货币性资产交换中商业实质的判断

满足下列条件之一的非货币性资产交换具有商业实质:换入资产的未来现金流量在风险、时间和金额方面与换出资产显著不同;换入资产与换出资产的预计未来现金流量现值不同,且其差额与换入资产和换出资产的公允价值相比是重大的。

(二)重大影响的判断

在长期股权投资、关联方关系中都提到重大影响的概念,并在关联方披露准则中明确了重大影响的概念,重大影响是指对一个企业的财务和经营政策有参与决策的权力,但并不能够控制或者与其他方一起共同控制这些政策的制定。

（三）估计资产可收回金额的判断

在资产减值测试估计资产可收回金额时,企业应当遵循重要性原则,当资产存在下列情况的,可以不估计其可收回金额:一是以前报告期间的计算结果表明,资产可收回金额远高于其账面价值,之后又没有消除这一差异;二是以前报告期间的计算与分析表明,资产可收回金额相对于减值迹象反应不敏感,在报告期间又发生了该减值迹象的,比如,当期市场利率或市场投资报酬率上升,该上升对计算资产未来现金流量现值采用的折现率影响不大的。

（四）重要的前期差错的判断

对于重要的前期差错,企业应当采用追溯重述法更正,但确定前期差错累计影响数不切实可行的除外。

（五）财务报表列报中重要性的判断

会计中重要性的应用主要就体现在财务报表列报中,我们一般指的重要性就是财务报表列报中的重要性。哪些项目需要单独披露,哪些项目需要合并披露,哪些项目不需要披露,这些都需要进行重要性的判断。重要性应当根据企业所处环境,从项目的性质和金额大小两方面予以判断。

（六）分部报告中报告分部确定中的判断

分部报告准则规定,企业应当以业务分部或地区分部为基础确定报告分部。业务分部或地区分部的大部分收入是对外交易收入,且满足下列条件之一的,应当将其确定为报告分部:（1）该分部的分部收入占所有分部收入合计的10%或者以上;（2）该分部的分部利润（亏损）的绝对额,占所有盈利分部利润合计额或者所有亏损分部亏损合计额的绝对额两者中较大者的10%或者以上;（3）该分部的分部资产占所有分部资产合计额的10%或者以上。报告分部的对外交易收入合计额占合并总收入或企业总收入的比重未达到75%的,应当将其他的分部确定为报告分部,直到该比重达到75%。

新企业会计准则及其应用指南中多次提到"重要性"、"单项重大"、"金额重大"、"重要交易"、"重要项目"、"重要事项"、"重要会计政策"、"重要会计估计"、"重要的前期差错"等术语,可见重要性要求在新准则中的"重要性"。而"重要与重大"、"重要性与重大性"、"重要事项"与"重大事项"等概念经常在会计实务中混用,下面我们就对这些概念作一区分,如图4-2所示❶。

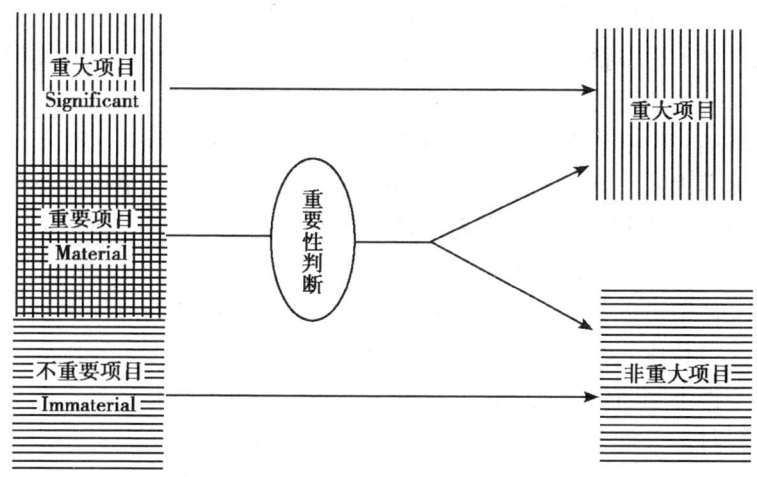

图4-2 重要性判断有关概念的区分

从图中可以看出,根据重要性判断标准,交易或事项可分为两类三种:第一类是不需判断大家公认是不重要项目和重大项目的;第二类是需要判断的看似不重要又像重大或看似重大又像不重要的所谓重要项目。重要项目经重要性判断标准后分成重大项目或非重大项目。准则里的重大项目是包括第一类不需判断的重大项目和第

---

❶ 吴水澎主编. 中国会计理论研究. 北京: 中国财政经济出版社,2000: 45.

二类中经过重要性判断后的重大项目。需要指出,"重大"不是专业术语,在会计文献里没有专门的定义。在会计界的一般共识中,重大项目是指用来形容公认的重大项目,以及看似重要的而且通过重要性检验判断后被认定的确属于重大的项目。

四、重要性的判断标准

虽然新企业会计准则多处使用了重要性的概念,但由于重要性概念的主观模糊性,对于重要性如何判断,在新准则中却涉及很少,只是在重大影响、分部报告中明确提及。在重要性概念主要运用领域的财务报表列报中,原则性地提出了判断的标准:重要性应当根据企业所处环境,从项目的性质和金额大小两方面予以判断。判断项目性质的重要性,应当考虑该项目的性质是否属于企业日常活动等因素;判断项目金额大小的重要性,应当通过单项金额占资产总额、负债总额、所有者权益总额、营业收入总额、营业成本总额、净利润等直接相关项目金额的比重加以确定。

从中可以看出,准则中只是给出了判断重要性的总体原则,再一次将具体判断的责任推给了企业管理当局与会计人员。因此,我们不得不判断一下重要性的标准了,否则在有关需要运用重要性的判断时,会计人员就会无从下手,无法做出选择。

我们可以借鉴审计准则的规定来确定会计重要性。新审计准则指南对于重要性有相对比较具体的讲解,也可作为我们判断会计上的重要性提供参考。在审计准则指南中有这样一些财务报表层次重要性数量标准的参考数据:(1)对于以盈利为目的的企业,来自经常性业务的税前利润或税后净利润的5%,或总收入的0.5%。在适当情况下,也可采用总资产或净资产的一定比例;(2)对于非盈利组织,费用总额或总收入的0.5%;(3)对于共同基金公司,净资产的0.5%。

根据对上述规定的理解,笔者建议可以这样判断会计上的重要性标准:区分日常活动产生的项目和非日常活动产生的项目分别判断,对非日常活动产生的项目一般均视为单项重大,对日常活动产生的项目以所列报表项目的净利润的 5%、收入总额的 0.5% 或总资产或净资产的一定比例作为重要性的判断标准。

总之,运用重要性进行职业判断时,会计人员要努力把握问题的实质,抓住关键点,兼顾数量和质量,考虑性质和金额,权衡成本与收益,提供高质量的会计信息。

第五章 会计职业判断调查问卷分析

为了解我国的会计职业判断状况,特别是新企业会计准则实施后,职业判断的重点与难点在哪里,以及职业判断的影响因素与改进途径,我们采用了问卷调查的方式,进行实证研究。问卷分为三部分:第一部分是对会计职业判断的基本认识的调查,第二部分是对会计职业判断现状及其在新企业会计准则中运用情况的调查,第三部分是背景资料。

第一节 样本情况与被调查者的背景资料

本次问卷调查总共发出问卷240份,收回176份,回收率为73%,有效问卷为176份。调查对象为国内某知名高校的MPAcc学员、参加国际财务管理师培训班的学员以及部分企业的会计人员等。调查对象的结构分析表见表5–1。从中我们可以看出,调查对象相对比较年轻,30岁以下者占49.43%;已有一定的会计工作经验,从事会计工作时间超过5年的占54.88%;职称结构中,高级会计师与会计师合计占57.50%,助理会计师占20%,其他占22.5%;职务结构中,单位负责人占3.53%,财务总监/总会计师占17.65%,会计机构负责人占18.82%,一般会计人员占60%;学历结构中,研究生及以上占14.29%,本科占78.57%,大专学历占7.14%。此外,根据调查的统计数据,被调查者所在的单位已实施《企业会计准则2006》的占48.19%,准备实施的占34.94%,两者合计为83.13%;被调查者中的性别比例为男性占25.30%,女性占74.70%;被调查者中具备注册会计师资格的占10.84%,不具备注册会计师资格的占89.16%;被调查者所学专业为会计学、审计学、财务管理专业的占80%，所学专业为其他的占20%。总体看，被调查者已从事会计相关工作有一定的时间，有一定的会计工作经验，职称、学历、职务等层次较高，且大多数被调查者所在单位已实施或准备实施新企业会计准则，对新会计准则已有一定的认识，调查所得出的结论具有一定的代表性。

表5-1 被调查者的背景资料分析

年龄结构				
年龄	30岁以下	30~40岁	40~50岁	50岁以上
比重	49.43%	37.93%	11.49%	1.15%
从事会计工作时间结构				
从事会计工作时间	0~5年	5~10年	10~20年	20年以上
比重	45.12%	19.51%	29.27%	6.10%
职称结构				
职称	高级会计师	会计师	助理会计师	其他
比重	5.00%	52.50%	20.00%	22.50%
学历结构				
学历	研究生及以上	本科	大专	其他
比重	14.29%	78.57%	7.14%	0.00%
职务结构				
职务	单位负责人	总会计师/财务总监	会计机构负责人	一般会计人员
比重	3.53%	17.65%	18.82%	60.00%

第二节 调查结果及分析

一、对会计职业判断的基本认识

（一）会计职业判断的重要性

我们从两个方面调查了会计职业判断的重要性：一是会计职业

判断对会计工作的重要性;另一个是会计职业判断对提高会计信息质量的重要性。调查结果见表5-2。第一个问题的调查结果显示,认为会计职业判断在会计工作中非常重要的占63.64%,认为重要的占31.82%,认为比较重要的占4.55%,前两者共占95.45%。从第二个问题的调查结果看,认为会计职业判断对会计信息质量的影响非常重要的占47.73%,认为重要的占43.18%,认为比较重要的占6.82%,还有2.27%认为会计职业判断对会计信息质量不重要,其中前两者共占90.91%。这说明会计人员对会计职业判断在会计工作中的重要性的认识是比较充分的,对于会计职业判断对会计信息质量的影响的认识是比较深刻的。再从会计人员的职称、职务结构看,职称越高、职务级别越高,认为会计职业判断越重要,对会计信息质量影响越大。这也说明,在企业中处于较高地位的会计人员,由于面对的更为复杂的不确定性的会计问题,在工作运用职业判断的频率和深度相对于较低层次的会计人员更频繁、更深入,因此能更加深刻地认识到会计职业判断的重要意义。

表5-2 会计职业判断重要性分析

项目	非常重要	重要	比较重要	不重要
会计职业判断对会计工作	63.64%	31.82%	4.55%	0.00%
会计职业判断对会计信息质量	47.73%	43.18%	6.82%	2.27%

(二)会计人员的判断力与职业道德对会计职业判断的影响

调查结果(见表5-3)显示,认为会计人员的判断力对做出恰当的会计判断非常重要的占46.59%,重要的占42.05%,比较重要的占7.95%,不重要的占3.41%,其中前两者占88.64%;认为会计人员的职业道德对做出恰当的会计判断非常重要的占52.27%,重要的占30.68%,比较重要的占12.50%,不重要的占4.55%,前两者占82.95%。这说明人们已较为充分地认识到会计人员的判断力与职业道德对会计职业判断的重要性。

表 5-3　会计人员的判断力与职业道德对会计职业判断的影响

项目	非常重要	重要	比较重要	不重要
会计人员的判断力对会计职业判断的影响	46.59%	42.05%	7.95%	3.41%
会计人员的职业道德对会计职业判断的影响	52.27%	30.68%	12.50%	4.55%

（三）对会计职业判断主体

从调查结果看，绝大多数人认为会计职业判断的主体是指企业会计人员与管理当局，占 80%，认为会计职业判断主体是企业会计人员的占 11.67%，认为会计职业判断的主体是管理当局占 8.33%，见表 5-4。对企业中会计职业判断的认识有狭义与广义之分，其中，狭义的会计职业判断仅是指会计人员的职业判断；广义的职业判断是指经营者与会计人员对会计事项进行的判断与选择，既包括会计人员的职业判断，也包括经营者的职业判断。绝大多数被调查者认同广义的观点，这与本书研究的出发点是一致的，即会计职业判断是由企业经营者的职业判断与会计人员的职业判断组成。

表 5-4　会计职业判断主体分析

项目	会计人员	管理当局	会计人员与管理当局
比重	11.67%	8.33%	80%

（四）对会计职业判断规律的认识

调查结果（见表 5-5）显示，7.95% 的被调查者认为会计职业判断完全有规律可循，62.50% 的认为基本上有规律可循，26.14% 的认为有一些规律可循，剩余的 3.41% 则认为会计职业判断基本上无有规律可循。这说明绝大多数人认为会计职业判断是有规律可循的，会计职业判断不是判断者的主观臆断，而是一种"有规律地创造"。

表 5-5　会计职业判断有无规律分析

项目	完全有	基本上有	有时候有	基本上无
比重	7.95%	62.50%	26%	3.41%

（五）对我国会计人员职业判断水平总体状况的认识

调查结果（见表 5-6）显示，认为我国会计人员的职业判断水平比较高仅占 6.82%，认为我国会计人员的职业判断水平一般的占 82.95%，认为我国会计人员的职业判断水平非常低的占 10.23%。所以，从总体上判断，我国会计人员的职业判断水平一般，总体状况不容乐观。

表 5-6　我国会计职业判断总体水平分析

项目	非常高	比较高	一般	非常低
比重	0.00%	6.82%	82.95%	10.23%

二、对会计职业判断运用的基本情况

（一）在会计工作中能否主动运用会计职业判断

根据调查结果（见表 5-7）在会计工作中，完全能够主动运用职业判断的占 9.09%，基本能够主动运用职业判断的占 80.68%，基本不能主动运用职业判断的占 10.23%，前两者合计总共占 89.77%，这说明会计人员在会计准则在转向原则导向时已经具备一定的运用职业判断的主动意识。

表 5-7　能否主动利用会计职业判断分析

项目	完全能	基本能	基本不能	完全不能
能否主动运用职业判断	9.09%	80.68%	10.23%	0.00%

（二）是否能够、是否努力做出高质量的职业判断

在会计工作中，是否能够做出高质量的职业判断？统计结果见

表5-8。5.68%的被调查者选择完全能够做出高质量的职业判断，80.68%的选择基本能够做出高质量的职业判断，13.64%的选择基本不能做出高质量的职业判断，前两者合计占86.36%，比例较高，但这并不能够说明我国会计职业判断的质量已经令人满意。笔者认为，之所以出现这种情况，是因为这只是被调查者的一种自我判断，被调查者往往有高估自己能力的倾向。在问及是否努力做出高质量的专业判断时，25%的被调查者选择完全是，69.32%的选择大多数情况下是，还有5.68%的选择大多数情况下不是。进而在回答促使会计人员做出高质量的专业判断的原因时，选择职业道德的比重最高，得到73.86%的支持，其次，是法律责任与个人信誉，均得到37.50%的支持，选择激励制度的较少，占12.50%，选择其他和此题不适用的分别占1.14%与2.27%，具体数据见表5-9。这说明职业道德在会计职业判断中具有关键作用，个人信誉与法律责任也在促使会计人员做出高质量的专业判断中起到重要作用。

表5-8 能否做出高质量会计职业判断分析

项目	完全能	基本能	基本不能	完全不能
能否做出高质量的职业判断	5.68%	80.68%	13.64%	0.00%

表5-9 促使判断者努力做出高质量会计判断的原因分析

项目	激励制度	职业道德	法律责任	个人信誉	其他	此题不适用
比重	12.50%	73.86%	37.50%	37.50%	1.14%	2.27%

（三）是否主要根据经验做出判断

在问及调查者是否主要根据经验做出判断时，选择是与不是的各占一半均为50%。这说明经验在会计职业判断具有重要作用，大多数的日常判断主要是凭借经验做出的，但经验对过去未曾发生的新情况、新问题作用有限。

（四）在判断过程中是否会向他人咨询

调查问卷显示，在会计判断的过程中，57.95%的被调查者有时会向他人咨询，42.05%的被调查者经常会向他人咨询，没有人选择不会向他人咨询或每次都会向他人咨询。这说明会计人员具备了一定的沟通意识，在进行职业判断时会时常向他人咨询。会计职业判断需要较高的专业知识、经验和技能，当会计职业判断的要求超出判断者个人能力时，就需要积极的向他人咨询，这就需要会计人员具有较高的沟通意识与沟通技巧，对重大问题，应采取集体判断与决策。

（五）在判断过程中能否保持独立性

在会计职业判断中，保持客观、公正的立场，独立做出判断，才能保证会计职业判断质量的高水准。在做出职业判断时，会计人员是否经常受到管理当局的干预？11.36%的被调查者选择不会，60.23%的选择有时会，27.27%的选择经常会，1.14%的选择每次都会，数据见表5-10。这说明会计人员在履行职责、做出职业判断，会时常受到管理当局的干预。

表5-10 进行判断时会计人员是否会受到管理当局的干预

项目	不会	有时会	经常会	每次都会
比重	11.36%	60.23%	27.27%	1.14%

进而在问及做出判断时，能否保持独立性时，12.50%的被调查者选择能够保持完全独立，80.68%的选择能够保持部分独立，有5.68%的选择基本不独立，还有1.14%的选择完全不独立，见表5-11。这也充分说明了会计人员的职业判断是一种部分独立的职业判断，会计人员不具有完全的独立性。事实上，管理当局也是会计职业判断的一个重要主体，他需要对会计人员的职业判断进行监督，对最终的会计职业判断结果和会计信息质量负责。会计人员的这种独立性与注册会计师的独立性差异迥然，因为独立性是注册会计师审计的灵魂，注册会计师需要保持形式上和实质上的独立性，审计判断具有很强的独立性。

表 5-11 做出判断时会计人员的独立性分析

项目	完全独立	部分独立	基本不独立	完全不独立
比重	12.50%	80.68%	5.68%	1.14%

三、新会计准则中的判断重点与难点

（一）新会计准则中职业范围的变化

调查结果显示，与以前相比，55.17%的被调查者认为新会计准则应用职业判断的范围有了大幅增加，有41.38%的被调查者认为有小幅增加，也有少数人认为新会计准则应用职业判断的范围基本未变，占3.45%。

（二）在新企业会计准则中运用会计职业判断的难度

新企业会计准则是一套内容全面、涵盖所有行业、与国际会计准则实质性趋同的以原则为导向的会计准则体系，其中运用职业判断的范围和程度较以往有了很大突破。在调查问卷中，笔者根据会计准则的内容挑选了14项最需要运用会计职业判断的准则或项目，包括投资性房地产、资产减值、非货币性资产交换、债务重组、金融工具、公允价值计量、或有事项、关联方交易及披露、借款费用、所得税、租赁、报表披露、企业合并、合并财务报表等。其中公允价值是新企业会计准则的一大亮点，它是会计准则中列举的五种计量属性之一，在与众多具体准则中都有不同程度的运用，在这里作为一个单独的项目来列示。❶ 对于这14个项目运用会计职业判断的难度，调查问卷给出了五个选项：非常难、难、比较难、容易、非常容易，要求被调查者从中选择一项。

为了准确计量各项目运用会计职业判断的难度并便于排序，我们赋予每个评价等级不同的评价得分，"非常难"可得5分，"难"可得4分，依此类推，"比较难"、"容易"、"非常容易"分别可得

---

❶ 美国在2006年9月就颁布了 SFAS157 "公允价值计量"，我国还没有专门的公允价值计量准则，但相信在不远的将来待时机成熟时也会出台相应的具体准则。

3分、2分、1分,然后加总求出各个影响要素的加权平均分。最终我们得到各项的得分及排列顺序,如表5-12所示。

表5-12 准则项目运用会计职业判断的难度评价表

排序	项目	加权平均分	样本标准差
1	公允价值计量	3.93	1.0516
2	投资性房地产	3.75	1.0046
3	资产减值	3.54	0.9616
4	金融工具	3.46	0.9616
5	企业合并	3.46	1.1049
6	债务重组	3.43	1.1032
7	或有事项	3.36	0.9114
8	合并财务报表	3.29	1.0491
9	非货币性资产交换	3.14	1.0440
10	报表披露	3.14	1.0440
11	所得税	3.07	1.2745
12	关联方交易及披露	3.00	0.9027
13	租赁	2.57	0.7418
14	借款费用	2.29	0.5998

从调查结果可以看出,被调查者认为新会计准则中最难判断的项目是公允价值计量,其次是投资性房地产,排在第三的是资产减值,再次是金融工具与企业合并。上述五个项目排在前5位,被认为是新会计准则中运用职业判断难度最大的项目。其中,公允价值由于其实质上是一个估计价格,其规定分散在不同的具体准则中,还没有形成专门的统一的准则,在确认条件、金额确定、列报披露中存在大量需要判断的事项,因此被认为是判断难度最大的项目。投资性房地产,是会计准则中首次出现的项目,在新准则中规定了两种计量模式:成本计量模式与公允价值计量模式,需要经营者与

会计人员做出判断与选择，公允价值模式下投资性房地产公允价值的确定也是一个难点，一般需要评估机构的帮助，因而其难度被排在第二位。资产减值，属于会计估计，存在大量的职业判断项目，资产减值迹象需要判断，可收回金额的确定是判断中的一个难点，此外，新会计准则中还新增了资产组、总部资产以及商誉的减值的有关规定，更是加大了职业判断的难度。金融工具，新会计准则中的难点之一，金融工具的分类、确认、计量、终止确认、披露等都需要大量的职业判断，特别是在金融工具计量中广泛应用了公允价值，无疑增加了职业判断的难度。企业合并，新准则根据我国国情，将企业合并分为两类：同一控制下的企业合并与非同一控制下的企业合并，这就要求企业会计人员首先要判断企业合并的归属类型，非同一控制下的企业合并原则上采用"购买法"进行会计处理，并采取了公允价值计量属性，在合并中可能会形成商誉，这些都需要会计人员运用职业判断，难度系数也较高。

排在 6 到 12 位依次是债务重组、或有事项、合并财务报表、非货币性资产交换、报表披露、所得税与关联方交易及披露，它们的难度系数都在 3 分以上，属于职业判断中比较难的项目。其中，所得税准则由于采用了资产负债表债务法进行处理，在会计期末需要判断各项资产、负债的计税基础并计算暂时性差异，难度系数较大，但在调查中评价系数并不算高。笔者认为，这可能是因为大多数被调查者的企业尚未执行新会计准则，不清楚按新准则执行中问题的复杂性，只是凭借原有的经验做出的判断。

排在最后两位的是租赁与借款费用，由于这两个项目原有准则中已有规定，已被广大财会工作者所熟知，在新准则中变化不大，因此被认为是容易判断的项目，难度系数最低。

（三）会计信息相关性与可靠性的权衡

会计信息质量的两大特征可靠性与相关性常常不可得兼，需要会计人员在可靠性与相关性之间进行权衡，如何进行选择呢？调查结果（见表 5-13）显示，58.33% 的会计人员选择优先选择可靠性,11.11%的会计人员选择优先考虑相关性,30.56%的会计人员选择给予可靠性与相关性同样的权重。这反映了会计人员的基本态度,在相关性与可靠性的权衡中,可靠性权重要大于相关性,一般情况下要优先考虑可靠性。特别是在公允价值计量中,更应当强调可靠性优先,只有在公允价值能够取得并且可靠计量时才能使用公允价值进行计量。

表 5-13　会计信息可靠性与相关性的权衡

项目	优先考虑可靠性	优先考虑相关性	给予可靠性与相关性同样权重
比重	58.33%	11.11%	30.56%

(四) 实质重于形式原则的应用

在会计职业判断中,经常需要判断者能够运用"实质重于形式原则",识别交易或事项的实质,但调查结果显示的情形不容乐观。仅有17.14%的被调查者认为能够辨识交易或事项的实质,而77.14%的认为有时无法辨识经济实质,还有5.71%的被调查者认为经常无法辨识经济实质。这说明经济实质的辨别需要判断具有全面的知识体系、丰富的经验和敏锐的洞察力,这种"慧眼"辨识能力要求会计人员很难完全达到,需要逐步培养。

在问及实际工作中,是否会利用"实质重于形式"原则进行盈余管理时,只有20.59%的被调查者选择不会,55.88%的被调查者选择有时会,20.06%的被调查者选择经常会,还有1.47%的被调查者选择每次都会。这说明"实质重于形式"原则常常被利用作为盈余管理的手段,会计监管部门要重视这种倾向,采取措施,防止该原则被滥用。

四、公允价值运用情况的判断

(一) 公允价值的运用与会计信息质量

公允价值的应用是否能够显著提高会计信息的相关性?调查结

果显示，70.45%被调查者认为公允价值能够显著提高会计信息的相关性，29.55%的人则认为公允价值不能显著提高会计信息的相关性。公允价值计量提供的会计信息的可靠性如何，一直是各界关注的问题。调查结果表明，5.75%的被调查者认为公允价值提供的会计信息是可靠的，63.22%的认为提供的信息时比较可靠的，28.74%的则认为提供的信息比较不可靠，另有2.30%的被调查者则认为公允价值提供的会计信息不可靠。这说明，人们对公允价值能够显著提高会计信息的相关性是比较认可的，但对公允价值提供的会计信息的可靠性则有所怀疑。

（二）公允价值的适用条件

对问及能否把握公允价值能够取得并可靠计量的适用条件时，3.45%的被调查者认为能够把握公允价值的适用条件，选择能够部分把握的占68.97%，选择基本上不能把握的占26.44%，另有1.15%的则选择完全不能把握公允价值的适用条件。这说明把握公允价值适用条件的一般性规定难度较高，比较难以执行。

调查问卷对这一问题又设计了两个具体问题，第一个问题是在非货币性资产交换中能否把握商业实质的概念，15.91%的被调查者认为完全能够把握，59.09%的则认为能够部分把握，25%认为基本上不能把握，这说明商业实质的概念对会计人员提出较高要求，很多人难以把握，因此需要进一步明确该概念，使其更容易理解并执行；第二个问题是公允价值的应用是否一定要有一个活跃的市场，53.41%的被调查者选择是，35.23%的选择不一定，还有11.36%的选择不是。说明人们对这一问题还是存在一定的误区的，活跃的市场不是公允价值运用的必要条件，更不是充分条件，没有活跃的市场也可以应用公允价值。

（三）公允价值的估值技术与层级

公允价值的估值技术主要有市场法、成本法、收益法，对于三种方法中经常使用哪一种方法的调查结果显示，经常运用市场法的占61.36%，经常运用收益法的占13.64%，经常使用成本法的占

22.73%。这说明市场法是公允价值估值的主要方法,其次是成本法,最后是收益法,这是由于收益法需要运用现值技术,比较复杂且难以掌握,所以应用的最少。

对公允价值的应用级次,美国在 SFAS157 "公允价值计量"准则中提出了三个等级:等级一是活跃市场的报价,最可靠;等级二是可观察的其他市场信息;等级三是不可观察的信息,最不可靠。被调查者中,只有 4.55% 的认为能够把握公允价值的应用级次,选择部分把握的占 70.45%,选择基本上不能把握的占 23.86%,还有 1.14% 的认为完全不能把握公允价值的应用等级。

现值技术是公允价值确定中的难点所在,在问及工作中使用现值技术时,只有 6.82% 的被调查者选择经常使用现值技术,32.95% 的选择有时会使用,46.59% 的选择在工作中很少使用,而 13.64% 的则认为没有使用过现值技术。对于估计公允价值中采用现值技术的难点,考虑风险因素的影响最受认同,得票率占 70.45%,其次是判定适用的折现率,占 68.18%,再次是预计未来的现金流量,占 62.50%,最后是预计现金流量的期间,占 28.41%。

在被问及是否运用估价技术模型(比如期权定价模型)计算公允价值时,只有 24.14% 的被调查者会运用,剩余的 75.86% 的人则不会运用估价技术模型。

(四)公允价值应用可能引发的后果

公允价值的运用会不会产生不利影响呢?调查结果显示,57.95% 的被调查者认为公允价值应用会造成企业利润的较大波动,38.64% 的认为会造成利润的较小波动,3.41% 的认为对企业利润基本无影响。

有人担忧公允价值计量会引发大量的盈余管理,这种担忧是否有道理呢?调查结果表明,12.79% 的人认为肯定会引发大量的盈余管理,45.35% 的认为很可能会,38.37% 的认为可能会,只有 3.49% 的人认为采用引发大量盈余管理的可能性较小。从中可以看出,这种担忧不是没有道理的,运用公允价值一定要慎重,要谨防公允价值被滥用。

(五)公允价值应用的难点

公允价值是新会计准则的亮点,也是新会计准则的难点。对于公允价值在新会计准则应用中的难点,调查问卷中给出了五个选项(可多选),调查结果显示,公允价值难以确定(特别是需要运用估价技术的情况下)获得72.09%的支持,公允价值概念弹性大、难以把握获得65.12%的支持,缺乏应用公允价值的市场环境获得58.14%的支持,缺乏具体、细致的指南得到48.84%的支持,应用条件不好把握获得47.67%的支持。从中可以看出,公允价值应用中最大的难点是公允价值难以确定,公允价值概念弹性大、难以把握与缺乏应用公允价值的市场环境也是重要原因。

(六)公允价值与资产评估

有人认为公允价值的应用,需要资产评估机构的支持,并将带动资产评估行业的发展。对于公允价值与资产评估的关系,调查问卷设计了三个问题:其一,请资产评估机构来确定公允价值可行吗?45.45%的被调查者认为可行,29.55%的认为不可行,还有25%的认为不清楚;其二,资产评估的价值一定是公允价值吗?6.82%被调查者认为是公允价值,59.09%的认为资产评估价值有时是公允价值,18.18%认为资产评估价值不是公允价值,还有15.91%的表示不清楚;其三,资产评估的结果可信程度如何,认为完全可信的占5.68%,认为部分可信的占82.95%,认为基本不可信的占11.36%。

五、会计职业判断的影响因素与改善措施

(一)会计职业判断的影响因素分析

会计职业判断可以看做是一个有判断主体、判断客体和判断环境组成的。判断主体,从狭义上理解是指会计人员,是职业判断中最活跃也是最重要的要素,问卷中给出了判断主体的6个方面的因素：会计人员的专业知识、经验、分析能力、记忆水平、道德水平与会计人员的性格。判断客体，主要是指需要判断的会计业务，问卷中给出了 2 个方面的特征：会计业务的类型与复杂程度。判断环境对职业判断也会产生重要影响，问卷中给出了 8 个环境因素：会计准则/会计制度的完善程度、会计工作的时间压力、企业对会计人员的激励制度、内部控制的健全程度、公司治理结构的完善程度、企业管理者、社会环境、文化传统的影响等。对于这 16 个影响会计职业判断的因素，调查问卷给出了 5 个选项：非常重要、重要、比较重要、不重要、基本无关，要求被调查者从中选择一项。

为了准确计量各影响因素的重要程度便于比较，我们赋予每个评价等级不同的评价得分，"非常重要"可得 5 分，"重要"可得 4 分，依此类推，"比较重要"、"不重要"、"基本无关"分别得分 3 分、2 分、1 分，然后加总求出各个影响要素的加权平均分。最终我们得到各项的得分及排列顺序，如表 5-14 所示。

表 5-14 会计职业判断影响因素评价表

排序	影响因素	最小值	最大值	平均值	标准差
1	会计人员的专业知识	3	5	4.57	0.5833
2	会计人员的分析能力	3	5	4.56	0.6232
4	会计人员的道德水平	2	5	4.49	0.7757
3	内部控制的健全程度	2	5	4.33	0.7875
5	公司治理结构的完善程度	1	5	4.32	0.8693
6	会计人员的经验	2	5	4.29	0.7911
7	会计准则/制度的完善程度	3	5	4.24	0.7147
8	企业管理者的影响	1	5	4.03	0.9578
9	企业对会计人员的激励制度	1	5	3.49	1.0216
10	会计人员的记忆水平	1	5	3.43	1.0073
11	社会环境的影响	1	5	3.41	1.0064

续表

排序	影响因素	最小值	最大值	平均值	标准差
12	会计业务的复杂程度	1	5	3.38	1.1231
13	会计工作的时间压力	1	5	3.34	1.0765
14	会计业务的类型	1	5	3.22	1.1656
15	会计人员的性格	1	5	3.03	1.0393
16	文化传统的影响	1	5	3.00	1.0891

从统计分析看，对会计职业判断影响最大的 5 个因素是：会计人员的专业知识、分析能力、职业道德水平、内部控制的健全程度与公司治理结构的完善程度，其中 3 个因素属于会计判断主体的因素，2 个属于判断环境的因素。其次，对会计职业判断影响较大的因素是会计人员的经验、会计准则/会计准则的完善程度、企业管理者的影响。上述 8 个因素对会计职业判断的影响程度都在 4 分以上，属于能够产生重要影响的因素。位列 9~14 位的因素是企业对会计人员的激励制度、会计人员的记忆水平、社会环境的影响、会计业务的复杂程度、会计工作的时间压力与会计业务的类型，它们能够对会计职业判断产生比较重要的影响。最后二项因素，会计人员的性格、文化传统的影响虽然也能对会计职业判断产生比较重要的影响，但影响程度最低。

（二）影响会计人员专业判断质量的主要原因

对于影响我国会计人员专业判断质量的主要原因，调查问卷给出了 6 个选项（可选多个答案）。调查结果（见表 5-15）显示，会计人员缺乏独立性获最大认同，支持率为 72.73%；其次是会计准则/会计制度不完善，获得 63.64% 的支持；再次是缺乏相关的培训，占 61.36%；接着是缺乏对会计人员的激励制度与会计人员素质低，分别获得 50% 与 46.59% 的支持；然后是会计责任轻，仅获得 19.32% 的赞同；最后是选择其他的，获得 6.82% 的支持。

表 5-15 影响会计人员职业判断质量的主要原因分析

项 目	被选中比率
会计人员素质低	46.59%
缺乏相关的培训	61.36%
会计准则/制度不完善	63.64%
会计人员缺乏独立性	72.73%
缺乏对会计人员的激励制度	50.00%
会计责任轻	19.32%
其他	6.82%

（三）会计职业判断中最难的症结问题

会计职业判断中最难的症结问题是什么？领导干预、要求不恰当使用职业判断，与缺乏足够的资料、信息不充分，最受认同，均获得 40.91% 的支持，具体数据见表 5-16；现有会计准则、制度没有规定，无从下手，获得 29.55% 的赞同；能力受限，无法识别事项的本质仅获 3.41% 的认可。

表 5-16 会计职业判断中最难的症结问题

项 目	被选中比率
领导干预，要求不恰当使用职业判断	40.91%
缺乏足够的资料，信息不充分	40.91%
现有会计准则、制度中没有规定，无从下手	29.55%
能力受限，无法识别事项的本质	3.41%

（四）会计职业判断水平的改善措施

对于如何改善我国会计人员的职业判断水平，调查问卷提出了 10 条措施，它们分别是加强有关会计判断的理论研究、加强职业技能培训、制定会计职业判断指南、在判断过程中向他人咨询、完善会计准则、进行集体判断、建立有效的激励会计人员的机制、建立完善公司治理结构、加大会计人员的责任、其他等。对于这10项提高我国会计人员职业判断水平的措施,调查问卷给出了5个选项:非常有效、有效、比较有效、很少有效、基本无效,要求被调查者从中选择一项。

为了准确计量各项措施对提高会计人员职业判断水平的有效程度并便于比较,我们赋予每个评价等级不同的评价得分,"非常有效"可得5分,"有效"可得4分,依此类推,"比较有效"、"很少有效"、"基本无效"分可得分3分、2分、1分,然后加总求出各影响要素的加权平均分。最终我们得到各项的得分及排列顺序,如表5-17所示。

表5-17 改进会计职业判断措施有效程度评价表

序号	提高职业判断水平的措施	最小值	最大值	平均值	标准差
1	加强职业技能培训	2	5	4.34	0.7093
3	完善会计准则	2	5	4.22	0.8412
2	建立完善公司治理结构	1	5	4.13	1.0035
4	制定会计职业判断指南	2	5	4.01	0.8509
5	加强有关会计判断的理论研究	2	5	3.95	0.8698
6	建立激励会计人员的有效机制	1	5	3.80	0.9976
7	加大会计人员的责任	1	5	3.58	1.0568
8	进行集体判断	1	5	3.54	0.9962
9	在判断过程中向他人咨询	2	5	3.41	0.9167
10	其他	1	5	2.89	1.0485

从统计结果可以看出,对提高会计职业判断水平有效的措施是加强职业技能培训、完善会计准则、建立完善的公司治理结构、制定会计职业判断指南与加强有关会计判断的理论研究。对改进会计职业判断水平比较有效的措施有建立激励会计人员的有效机制、加大会计人员的责任、进行集体判断、向他人咨询等。因此,会计职

业判断水平的提高是一个系统工程，需要综合采取多项措施，多管齐下，才能起到积极有效的作用。

第三节 问卷调查的基本结论与启示

通过对调查问卷的统计分析，我们可以得出以下结论与启示。

1. 人们已经比较充分地认识到会计职业判断的重要性，会计人员的判断力与职业道德水平会对恰当地运用职业判断产生重要影响。企业中会计职业判断不仅仅是会计人员，经营者也是职业判断的主体，而且经营者需要对会计职业判断的最终结果负责。会计职业判断是有一定规律可循的，我国会计人员的职业判断水平不高，总体状况不容乐观。

2. 会计人员已经具备了一定的职业判断意识，在会计工作中基本上能够主动运用职业判断，在判断过程中会时常向他人咨询。经验在会计人员职业判断中具有重要作用。会计人员在职业判断中会时常受到管理当局的影响，只能保持部分独立，且独立性较弱。

3. 新企业会计准则中职业判断的范围与以前相比有了大幅增加。在新准则中，判断难度较大的依次为公允价值计量、投资性房地产、资产减值、金融工具、企业合并等，而租赁与借款费用判断难度较低，比较容易判断。在可靠性与相关性的权衡中，可靠性略微领先于相关性。在判断过程中，会计人员辨识会计事项经济实质的能力不强，并时常会利用"实质重于形式"原则进行盈余管理，这应成为会计监管部门重点监管的对象。

4. 公允价值能够显著增加会计信息的相关性，但只能提供相对可靠的信息。公允价值应用的适用条件原则性较强，不容易把握。会计人员常用的公允价值估值方法是市场法，但对公允价值运用的应用级次无法准确把握。会计人员有时会运用现值技术，现值技术运用的难点主要在考虑风险因素的影响与判定适用的折现率上。采用公允价值会造成企业利润的较大波动，并可能引发大量的盈余管理，这一方面要求谨慎适度运用公允价值，另一方面需要会计监管部门采取必要措施加强监管，防止滥用公允价值行为的发生。公允价值运用的难点在于公允价值难以确定、缺乏应用的市场环境与应用条件不好把握。资产评估可以成为公允价值计量的辅助手段，但其作用程度有限。

5. 对会计职业判断产生重要影响的因素有会计人员的专业知识、分析能力、职业道德水平、内部控制的健全程度、公司治理结构的完善程度、会计准则的完善程度、会计人员的经验、企业管理者的影响等。影响我国会计人员专业判断质量的主要原因是会计人员缺乏独立性。会计职业判断中最难的问题是缺乏足够的资料、信息不充分以及领导干预、要求不恰当使用职业判断。要想提高会计职业判断水平，可以采取的有效措施是加强职业技能培训、制定会计职业判断指南、加强有关会计判断的理论研究、完善会计准则与建立完善的公司治理结构。会计职业判断水平的提高是一个系统工程，需要综合采取多项措施，多管齐下，才能起到积极有效的作用。

第六章　会计职业判断与会计信息失真

第一节　会计信息失真的含义与分类

一、会计信息失真的含义

要研究会计信息失真,首先要明确什么是"真实的"会计信息,这就需要研究会计信息的质量特征问题。由于会计信息的使用范围和目的不同,人们对会计信息质量特征的理解和认识并不统一。根据美国 FASB 在 1980 年颁布的《财务会计概念公告》第二辑《会计信息的质量特征》的表述,将会计信息的质量特征划分为几个层次,其中,从决策有用的角度考虑,提出决策有用的首要质量特征:相关性和可靠性。会计信息必须同时具备这两项首要质量特征,才能对报表使用者的决策具有有用性。会计信息的相关性是指会计信息能够影响使用者的决策,包括预测价值、反馈价值和及时性;会计信息的可靠性是指信息使用者可以信任所提供的信息,包括反映的真实性、可验证性和中立性。因此,从广义上来讲,既相关又可靠的会计信息可定义为"真",不相关或不可靠或既不相关也不可靠的会计信息可定义为会计信息"失真"。

但由于相关性与可靠性是一个相对的概念,没有统一的判断标准,因此,会计信息失真的概念并不统一。一种观点是从会计信息使用者的角度出发,采用结果理性观❶,认为当会计信息未能如实

---

❶ 关于程序理性与结果理性,谢德仁(2000 年)认为:所谓程序理性是指行为是适当考虑的结果,该行为就是程序理性的,因此,行为的程序理性取决于它的产生过程;而结果理性则是指在由既定的条件和限制所规定的范围内,当行为适于达成既定的目标时,它就是结果理性的。

反映经济活动的客观真相时,即为会计信息失真。另一种观点从会计信息提供者的角度考虑,采用程序理性观,认为这个判断标准对会计信息的提供者过分苛求,因为会计本身就是建立在一系列假设之上,会计信息的生成要依赖于会计人员的主观估计和判断,并受到许多外界因素的影响,因此完全真实的会计信息几乎是不存在的。从这个角度来看,只要会计人员在工作中按照会计准则、会计制度以及其他相关法规处理会计业务,就不存在会计信息失真。

比较上述两种观点,本书将采用结果理性观,即采用后一种观点,会计信息失真是指会计信息未能真实地反映客观的经济活动,给会计信息使用者的相关决策带来不利影响的一种现象。之所以采用后一种观点,主要原因在于程序理性的观点不利于我们全面提高会计信息的质量。会计信息失真的原因多种多样,除了人为的原因外,会计准则和会计制度本身的不完善也会导致会计信息与其要反映的经济事实不符。如果采用程序理性的观点,这种情况不属于会计信息失真,也不需要改善。而现实是它确实对会计信息使用者的决策造成影响,我们也可以通过各种方法降低这种失真的程度。

二、会计信息失真的分类

吴联生根据会计信息失真的成因,提出会计信息失真的"三分法",即将会计信息失真分为规则性失真、违规性失真和行为性失真。❶ 吴联生从会计域秩序出发论证了会计信息规则性失真的产生。会计域秩序(Accounting Order)是利益相关者对资源和收益价值的计量以及相关信息的披露等方面所进行的博弈之后的公共选择,它实际上是利益相关者以其所投资的资源为依据而进行互动的结果,是他们利益冲突与协调的结果。会计规则实际上是一种人为制造的秩序,虽然它是以自生自发的会计域秩序为依据的,但它与会计域

---

❶ 吴联生. 会计信息失真的"三分法":理论框架与证据. 会计研究, 2003, 1: 25.

秩序一定是不相吻合的。这种不一致是由会计规则本身所造成的,称之为"规则性失真"❶。企业会计信息规则性失真之所以客观存在,其原因就在于会计规则制定者将自生自发的会计域秩序转变为会计规则的过程中存在偏差。

会计信息违规性失真是指会计信息执行者故意违背会计规则而导致的会计信息失真。当会计规则执行权合约安排没有使合约的剩余控制权与剩余索取权很好对应时,会计规则的各执行人,便有动机违背合约。具体来说,会计信息作为利益相关者进行利益分配的依据,同时也是其他利益相关者考核经营者的经营管理业绩的标杆,信息不对称的存在使得企业内部经营者拥有优势信息,经营者必然存在违背已有的会计规则而披露虚假会计信息,以使自己受益而使企业其他利益相关者受损的动机。

会计行为性失真是由规则执行(主要是执行者的有限理性)的非理性造成的。会计信息行为性失真指的是,会计规则执行者在并没有故意违背会计规则的动机的条件下,而采用不当的会计规则执行行为所导致的会计信息失真,这些不当的会计规则执行行为是由执行人的有限理性(诸如专业素养和判断等)所引起的。

对于会计信息的失真,学术界也有其他不同的分类。主要的分类有:按照会计信息是否遵循了会计原则和具体会计准则,将会计信息分为两种(徐晔、何红,1999):一种是未能根据会计规范或会计准则进行会计核算而引起的"非法失真",另一种是会计程序和方法未能反映企业的经济现实或全貌而引起的"合法失真";按照会计信息失真的动机可以将会计信息失真分为失实与造假两大类(徐玉德,2005),其中,会计信息失实是指会计人员在遵循制度规范的前提下,由于主观判断失误、经验不足或会计事项本身的不确定性,造成会计信息与经济业务活动本意之间的出入,造假则是行为人为达到某种目的,实现经过周密安排而故意提供虚假会计信息

---

❶ 吴联生. 会计域秩序与会计信息规则性失真. 经济研究,2002,4:70.

的行为；按照会计信息的相对真实性，可以将会计信息失真分为模糊性失真、错误性失真、造假性（舞弊性）失真（佟成生、董征鸽，2001），此种分类基本上与吴联生的规则性失真、行为性失真与违规性失真相对应。

本书下面的分析就是以会计信息失真的三分法为基础的。其中，会计人员的职业判断一般会引致行为性失真，经营者的职业判断则主要与违规性失真相关，而会计职业判断的依据不完善则与规则性失真有关。

第二节 会计人员的职业判断与会计信息行为性失真

一、会计人员职业判断行为性失真的客观必然性

会计人员在会计职业判断中，可能引起的会计信息失真有行为性失真与违规性失真，其中行为性失真是主要由会计人员自身的原因造成的，违规性失真则主要是在企业经营者的指使、强迫、授意或与经营者合谋下完成的，其主要原因在于经营者的机会主义行为。因为会计人员在企业中是负责执行决策的人力资本所有者，属于"生产者"，只能得到合同规定的固定工资，也就没有动力去生产并披露失真的会计信息。企业披露会计信息是由于人力资本所有者履行契约或者进行经营活动的需要，而在企业人力资本所有者中，经营者拥有企业的剩余索取权和控制权，因而，一般来说，经营者便有动力去生产并披露失真的会计信息，以提高他自己的收益。所以，本节主要就会计人员在职业判断中的行为性会计信息失真展开讨论。

会计信息行为性失真是在会计规则执行者执行会计规则过程中产生的，但又不是因其主观故意而导致的会计信息失真。会计信息

行为性失真之所以客观存在，其根本原因在于人类有限性❶。会计规则执行者在执行会计规则时能否生产出真实的会计信息，除主观动机外，还取决于他：（1）是否真正理解了会计规则本来所要表达的意义；（2）是否真正把握了客观经济现象的本质；（3）是否把会计规则恰如其分地运用于会计处理之中，从而合理地将会计规则与经济现象联系起来❷。上述三个方面都是以人的认知和能力为基础的，但由于人类有限性，会计信息的行为性失真就在所难免。具体到会计人员的职业判断中，人类有限性表现在以下几方面：（1）会计人员对判断标准（主要指会计规则）理解的不完美性；（2）会计人员对客观经济活动实质把握的不完美性；（3）会计人员在具体执行职业判断时行为的不完美性。

根据美国著名的社会心理学家、行为学家库尔特·勒温（Kurt Lewin）的著名的人类行为公式❸：$B = F(P, E)$。个人行为主要受个人心理因素、外部环境的影响。会计职业判断当然也会受到会计人员职业判断能力的影响。因此，笔者认为，影响会计人员职业判断的行为性失真因素主要有三个：心理因素、能力因素和外部环境。

二、影响会计信息行为性失真的心理因素分析

会计职业判断从外在行为活动的角度，是会计主体实施的一种会计行为，从内在心理活动的角度看，会计职业判断是一种人脑进行信息处理的认知过程。既然会计职业判断是会计主体的一种心理认知过程，其必然受到会计职业判断主体心理因素的影响。前文已述及影响会计人员职业判断的个体心理因素可以划分为：价值观、

---

❶ 根据吴联生（2004）的理解，人类有限性与人的有限理性不完全一样，有限理性是人类有限性的一种表现，另外，人类有限性还包括人们已经理性地预期到了某种情况但仍然没有能力予以改变。

❷ 吴联生. 人类有限性与会计信息行为性失真. 会计研究，2004，2：16.

❸ 薛求知，黄佩燕等. 行为经济学——理论与应用. 上海：复旦大学出版社，2003：16.

性格、气质、情感与情绪等。在职业判断中，即使会计人员严格遵循客观公正的立场，合理运用其专业知识和经验，但由于认知的有限性等原因，判断仍可能发生错误。心理学中把可能导致判断者作出错误判断的心理倾向称作判断偏误（judgment bias）。判断偏误不等于判断错误。判断偏误只是人的一种心理倾向，它只是容易导致判断错误的发生，但并不是必然会导致判断错误。判断偏误是一种无意识的行为，为某种目的而故意做出错误判断不属判断偏误。因此，我们把因判断偏误而导致的错误称之为判断失误。它与会计舞弊等原因导致的会计错误的根本区别在于会计主体在进行判断的动机不同。在会计职业判断过程中，由于会计人员的认知偏差和有限理性等原因，极易发生会计职业判断偏误，而会计职业判断偏误是导致会计判断失误的主要根源之一。

会计职业判断偏误的主要表现形式有：❶

1. 启发式运用导致的判断偏误。启发式是人们依据平时的知识经验并从中得出一些解决问题的规则、策略、技巧和窍门，是非正式的凭借经验的判断与推测。启发式的运用主要包括代表性启发法、易得性启发法、锚定调整启发法等。这些心理策略不恰当的运用很可能导致判断偏误的发生。（1）代表性启发法。人们在判断某事物是否属于某类对象集合时，往往先识别该事物的某些特征，然后把它与某类对象的有关特征进行比较，如果这些特征可以代表或极似所想象的某一范畴的特征，则它易被判断为属于该范畴。即人们倾向于根据样本是否代表（或类似）总体来判断其出现的概率，越有代表性的，被判断为越常出现。但是，人们在进行判断时往往忽视样本大小对结果的不同影响，而给小样本的结果以高的可靠性，从而导致判断偏误。（2）易得性启发法。人们在判断事物是否

---

❶ 本部分内容参考了张继勋（2002）的博士论文"审计判断研究"、许燕（2004）的博士论文"会计职业判断研究"，吴联生、李辰（2004）的"人类有限性与会计信息行为性失真"。

发生时往往根据被判断的事物是否容易在头脑中出现或是否容易回忆、想象起来确定其发生的概率的大小，容易回忆起来的就认为其发生的概率大，不容易回忆起来的就认为其发生的概率小。该策略只有在事件的可得性与其客观频率有高度相关性时才是有用的，否则会引起判断偏误。人们往往根据被判断的对象是否容易在头脑中出现或是容易回忆起来确定其发生的可能性。亲自经历、亲眼看到的事件比从书本上获取的知识更容易被回忆起来、更容易影响判断；近期发生的事件比以前发生的事件给人的印象更深。然而，容易获得的信息与判断客体的客观情况之间可能并没有必然的联系，从而导致判断偏误。另外，易得性还体现在资料的易得性方面。会计人员容易从有资料的方面去判断问题，而对未获得和不易获得的信息考虑较少，信息的不全面很可能会导致判断偏误。(3)锚定调整启发法。人们做出判断时常以初步的信息为起点，这个初始点就是"锚"，当收到新的信息时，再根据新的信息对原有的看法进行充分修正。但实际上最初得到的信息往往会制约人们对事件的估计，当人们根据新的信息对原有的看法进行修正时，往往出现调整不充分，从而导致判断偏误。会计人员进行会计估计时常常会运用锚定调整启发式。

2. 选择性注意与只关注既有事实造成的判断偏误。判断中，信息的搜集是以人已有的知识和经验形成的预期为指导的，有什么样的知识背景决定了人会注意什么样的信息，对不同信息加工而得到的判断结果自然也会不同。一旦在信息选择上出现了偏误，判断就会产生失误。只关注既有事实造成的判断偏误是指人们往往对已经发生的事实印象深刻，而不太关注可能发生而实际未发生的事情。因而，以往的既成事实对判断的影响较大。例如，在判断某笔应收账款发生坏账的可能性时，会计人员往往比较关注欠款企业以往发生坏账的情况，而对现在该企业的财务状况、未来的发展趋势等注意不足，从而导致判断偏误。

3. 选择性知觉与辨识关键性信息倾向造成的判断偏误。选择性知觉是指人们有一种很强的趋势，寻找与自己的假设一致的信息，而不寻找使他们拒绝这一假设的证据，这一倾向会导致人们不能客观地接受各种信息，从而导致判断偏误。辨识关键性信息倾向是指人的信息加工系统存在某种类似于过滤器的机制，它们以某种方式对外界刺激信息进行选择，选择有用信息，忽略无用信息，把注意引向信息最重要、最关键的部分。但是，这一过程的有效性在很大程度上取决于知识和经验的水平。如果在对关键信息的选择上发生错误，忽略了其他重要的信息，或者是不恰当地关注了自认为是关键性的信息，都可能导致判断偏误。

4. 隧道效应与信仰偏见造成的判断偏误。有时，人们可能会陷入认知上的隧道效应，即当面对与自己已形成的判断或概念不相容的信息时，往往会给予排斥，坚持先前的观点或决策，从而导致判断偏误。从心理学的角度看，这种错误的自我纠正比较困难，因为在这种情境下，人们往往在心理上具有排斥倾向。信仰偏见是指人们对业已相信的认识深信不疑，并且总是依据自己相信的认识做出判断，而不管结论实际是真是假。这意味着会计人员进行判断时往往先入为主，并往往依赖于原有的知识进行职业判断，因而导致会计信息失真。因此，我们需要着力加以防范此类偏误。

5. 过分自信引起的职业判断偏误。过分自信是指会计人员已经预见到错误可能存在而没有尽到检查核实的意义，认为自己犯错误的可能性很小或根本不会犯错误。过分自信在职业判断中表现为会计人员没有透彻理解会计规则和掌握会计事项的实质时，就匆忙作出判断，或者会计人员在没有掌握足够证据的情况下就对会计估计得出结果。特别是在作出概率估计时，有关决策行为学的许多研究表明，人们有一种过分自信其有准确估计概率的能力的倾向，或者说对自己的校准能力估计过高。过分的自信很可能导致会计判断偏误。

6. 不良心理状态引起的判断偏误。会计人员是有思想、有情感的个体，有时情绪、感情等心理因素也会影响到判断过程。例如，在心情好、压力适度的情况下，判断者更可能会比较认真细心地去判断；而在情绪低落或工作任务繁多、压力过大的情况下，判断者处理问题就可能马马虎虎，导致判断偏误。

会计职业判断偏误极易引发会计判断失误，而会计职业判断失误必然会导致会计信息失真。从性质上说，会计职业判断失误属于一种无意失实。即从行为人的主观动机来考察，出现差错并不是其本意，错误的发生主要是由于一时疏忽或经验不足等原因造成的。因而，会计职业判断导致的失真是会计信息行为性失真。

三、影响会计信息行为性失真的能力因素分析

会计职业判断是一种需要较高的专业知识和业务技能的判断。如果会计人员的专业知识、业务技能与经验不能满足职业判断的需要，那么由其作出的判断就很可能是低水平的、甚至是错误的。下面对影响会计职业判断并可能导致会计信息失真的因素作简要分析。

(一) 专业知识不足导致无法准确理解会计规则

会计规则是作出判断的标准与依据，在作出判断时，需要判断者熟悉判断标准，既要掌握其准确内涵，又要明确其运用范围。而且，由于会计规则随着经济环境的变化会不断加以调整和修正，特别是近年来我国会计准则变动较大，这就要求会计人员具有不断学习新知识的能力，养成自觉学习、终身学习的习惯。

(二) 专业技能不足导致无法作出恰当的选择或估计

在会计职业判断过程中，需要会计人员具有较高的专业技能，特别是要具有较高的专业分析能力。如果会计人员的专业技能达不到要求，那么其作出的判断与估计等就可能与经济实质不符，从而导致会计信息失真。这就要改变传统的教育方式，加强对会计人员的培训，增强会计人员之间的交流、沟通，以不断提高会计人员的专业技能。

(三) 有效经验不足导致无法把握经济活动的实质

在作出职业判断时，会计人员的有效经验起到了关键作用。经验丰富的会计人员可以在较短的时间内找到问题症结所在，看清经济活动的本质，不容易被外部形式或假象所迷惑。而有效经验是从实践中锻炼出来的，这就靠会计人员不断地感悟、思考，并尽量给会计人员创造实践锻炼的机会。

四、影响会计信息行为性失真的环境因素分析

影响会计人员行为性失真的环境因素主要有：资料是否充分、时间压力、内部控制的有效性等。

(一) 资料是否充分

资料是否容易取得、充分与否，与判断质量直接相关。当与判断相关的全部资料容易得到时，容易作出正确的判断；当缺乏某一方面的资料时则容易产生判断失误。资料是否容易取得与市场的发育密切相关，特别是作为我国新企业会计准则亮点的公允价值的运用更离不开充分发育的资本市场与商品市场。

(二) 时间压力

进行会计职业判断需要讲求成本效益原则，而且需要在一定的时间内作出。如果时间比较充分，会计人员就会搜集更多的证据、进行更深入的思考，判断质量就会较高；反之，会计人员就会在时间压力下匆忙作出判断，容易导致会计信息失真。

(三) 内部控制的有效性

当内部控制失效时，会计人员就会放松对自己的要求，工作中就有可能马虎大意、消极对待、得过且过，会计职业判断就会受到很大的影响，进而影响会计信息质量。

第三节 经营者的职业判断与会计信息违规性失真

一、经营者滥用职业判断的性质

经营者作为企业人力资源中负责经营决策的人,需要对涉及企业整体发展、对企业财务有重大影响的事项作出判断,并在会计人员的职业判断中扮演着管理者与监督者的角色。经营者在会计职业判断中由于其有限理性与认知偏差的原因,也必然会存在判断偏误,进而形成判断失误,最终导致会计信息的行为性失真。由于这种行为影响范围较小,危害不大,本书不做进一步的研究。经营者在会计职业判断中更容易诱发机会主义行为,为了谋取个人的不当或非法利益而滥用职业判断,进行盈余管理。如前文所述,滥用会计职业判断在实质上就是滥用会计职业判断选择权,即会计行为主体在作出职业判断时故意不遵循会计准则(会计制度)的精神实质,超出外部人合理预期方式的进行会计政策选择与会计估计,并因此获取不正当的私人利益而损害其他外部人的利益。经营者可能自己亲自做出滥用会计职业判断的决策,也可能授意、指使、强迫会计人员滥用会计职业判断。无论哪一种形式,经营者都是滥用职业判断的主谋和责任主体,因此,笔者认为会计职业判断的滥用主要是经营者对会计职业判断的滥用。虽然会计人员也可能为了个人私利滥用职业判断,但要受经营者的监督,如果没有经营者的支持,其行为很难得逞,或者即使能够得逞,范围也很有限,危害较轻。所以,对于滥用职业判断,本书是以经营者为主体进行研究的。

前文已述及,滥用会计职业判断具有几个特点:一是滥用会计职业判断是主观上的一种故意行为;二是滥用会计职业判断表面上遵循了准则,实质上是一种违规行为;三是滥用会计职业判断的后果表现为行为人获得了不当利益,并损害其他利益相关者的合法利益。从中,我们可以得出滥用会计职业判断是一种违规行为,由滥用会计职业判断造成的会计信息失真应当属于会计信息违规性失真。如果我们仅以滥用会计职业判断表面上的合规性,就认定其形成的信息失真属于合法性的信息失真,即行为性失真(或制度性失真),这种观点就过于片面了。因为,滥用会计职业判断背离了会计准则的宗旨与目的,实质上违背了会计原则与会计准则,是一种实质上的违规行为。

二、滥用会计职业判断的形式

会计职业判断的滥用的主要表现形式有:滥用资产减值准备、滥用收入确认与计量、滥用会计政策、会计估计变更与差错更正、滥用公允价值计量、滥用关联方交易等。

(一)滥用资产减值准备

资产减值准备是为了反映资产的真实价值,定期对资产的价值进行重新确定的一种手段。但这种手段却受到很多上市公司的青睐,成为利润操纵的一把利器。我国上市公司滥用资产减值准备的手法主要有四种:一是巨额计提,休克疗法;二是该提未提,埋下隐患;三是大额冲回,超速成长;四是秘密准备,秘密武器。第一种手法和第四种手法都是过度计提,只是两种适用情形不一样,第一种手法俗称"洗大澡",第四种手法俗称"甜饼罐";第一种手法针对亏损公司,第四种手法针对盈余公司。两种手法共同特点是过度计提留下秘密准备,只是前者是通过过度亏损达到目标,后者是通过隐瞒利润达到目标。"看看上市公司年报,不寻常的会计估计俯拾即是——ST 轻骑巨亏 34 亿元,其中大部分为各项计提所致;科龙电器今年盈利 1.01 亿元,而冲回各项计提却达 4.06 亿元。"❶ 正是由于资产减值准备的魔法太过于"神奇",在 2006 年

---

❶ 见文章"从艺术到魔术——上市公司滥用会计估计粉饰报表",http://doc.esnai.com/showdoc.asp?docid=2101。

颁布的新企业会计准则中制定机构被迫作出调整：资产减值损失一经确认，在以后会计期间不得转回。当然这一规定只适用于固定资产、无形资产、长期股权投资等长期资产的减值。

（二）滥用收入确认与计量

在收入的确认与计量中需要广泛地应用会计职业判断，但这种职业判断权却被管理当局与会计人员根据需要像橡皮泥一样随意使用，使得财务成果严重失实，影响了会计信息的公允反映。不恰当利用会计职业判断，滥用收入确认与计量的表现主要有三种类型：（1）在不符合收入确认条件时就提前确认收入。主要是不符合"企业已将商品所有权上的主要风险和报酬转移给买方"和"企业既没有保留通常与所有权相联系的继续管理权，也没有对已售出的商品实施控制"这两个条件。主要采用的手法有：①提前开具发票，以已开具销售发票和已计税为理由，确认销售收入，而不管销售过程是否真正完成；②在存在重大不确定性时仍确认收入，如存在退货协议、回购协议、协助寻找分销渠道等协议的情况下，忽略和隐瞒这种事实；③在仍需提供未来服务时确认收入，特别是在一次性收取款项但还需提供后续服务的情况下；④滥用完工百分比法，利用对未来事项的估计，歪曲估计完工程度，影响每期确认的收入与利润。（2）推迟确认收入实现。目的是平滑收益，使公司收益呈现一种稳定的，有规律的上升趋势，误导投资者。其最惯常的手法是将本期已实现的收入计入递延收入，推迟到以后期再确认。（3）混淆各种收入之间的界线。为了使公司表现出具有良好的盈利能力，将一次性收益、非经营性收益等故意确认为主营业务收入，虚假扩大主营业务收入规模及其成长性。在这些情况下，如果按照正确的会计职业判断的要求，就应该从交易的实质出发，合理确定收入实现的时间和类别。

（三）滥用会计政策、会计估计变更与重大前期差错更正

在会计职业判断中故意混淆会计政策变更与会计估计变更、会计估计变更与重大前期差错更正，利用它们之间不同的调整方法，

人为的操纵利润，粉饰财务报表。由于会计政策变更与会计估计变更采用不同的方法进行账务处理，如采取不当，对企业的当期盈利会产生重大影响。实际上，它们有着不同的含义及界限。

会计政策是指企业在会计确认、计量和报告中所采用的原则、基础和会计处理的方法。会计政策变更是指企业对相同的交易或者事项由原来采用的会计政策改用另一会计政策的行为。发生会计政策变更的情形一般有两种：一是法律、行政法规或者国家统一的会计制度等要求变更；二是会计政策变更能够提供更可靠、更相关的会计信息。会计政策变更一般应采用追溯调整法，视同该政策在比较财务报表期间上一直采用，应调整比较期间各期净损益和其他有关项目。只有在当期期初确定会计政策变更对以前各期累积影响数不切实可行的，应采用未来适用法。

会计估计本是指企业对其结果不确定的交易或事项以最近可利用的信息为基础所作的判断。由于企业经营活动中内在不确定因素的影响，某些会计报表项目不能精确地计量，而只能加以估计。如果赖以进行估计的基础发生了变化，或者由于取得新的信息、积累更多的经验以及后来的发展变化，可能需要对会计估计进行修订，这就是会计估计变更。对会计估计进行修订并不表明原来的估计方法有问题或不是最适当的，只是表明会计估计已经不能适应目前的实际情况，在目前已经失去了继续沿用的依据。此时无须追溯调整，只需对变更当期和未来期间发生的交易或事项采用新的会计估计进行处理即可。

对于重大的前期会计差错更正，则应采用追溯调整法，即将发现的使公布的会计报表不再具有可靠性的会计差错计入发现当期的期初留存收益，视同该差错在产生的当期已经更正。会计估计变更与重大前期会计差错调整的不同之处就在于：前者会影响当前的净利润，而后者则只影响期初的留存收益，而不影响当期的净利润。对某一会计处理究竟是作为会计政策变更、会计估计变更还是会计差错处理，需要企业经营者与会计人员的职业判断，这方面的会计问题更具专业性和隐秘性,但职业判断决不能滥用,更不是一种操纵利润的方法。

(四)滥用公允价值计量

公允价值是在历史成本计量遭遇危机、屡遭诟病的情况下,适应会计发展的需要出现的一种计量属性。由于具有历史成本不可比拟的理论优势❶和金融工具计量的现实要求,公允价值在国际会计准则和美国会计准则中具有广泛的应用。但公允价值由于其在实际操作过程中需要会计人员的估计与判断,特别是在没有活跃市场的公开报价情况下,更是留下了很大的操作空间。而企业经营者往往处于各种考虑,滥用公允价值计量,致使公允价值不"公允",公允价值应用遭遇困境。我国于1997年在"债务重组"、"非货币性交易"等准则中引入了公允价值计量,但由于我国企业的经营机制、管理体制与市场环境等都很不成熟,因而造成了公允价值的滥用,成为上市公司扭亏就困、达标脱"帽"的工具。迫不得已,2001年我国准则制定机构紧急作出调整,限制了公允价值的应用,重新回到历史成本计价的轨道上。但历史的脚步不可阻挡,鉴于我国市场环境的不断改善,更是为实现与国际会计准则趋同的历史使命,公允价值再次被启用,并得到了广泛的适度的应用,并成为新企业会计准则的一大亮点。然而,我们也要警惕滥用公允价值的操纵手段是否又卷土重来。

(五)滥用关联方交易

关联方交易是企业利润操纵的一个常用的手段和伎俩。当上市公司为满足"配股"、"保牌"(避免被ST、PT)或其他需要时,常常利用其能够控制、共同控制或者能够施加重大影响的关联方的

---

❶ 谢诗芬曾论证过公允价值的十大理论基础,即公允价值符合经济收益概念、全面收益概念、现金流量制和市场价格会计假设、现代会计目标、相关性和可靠性质量特征、会计要素的本质特征、未来会计确认的基础、现值和价值理念、计量观和净盈余理论以及财务报表的本原逻辑。具体内容参见谢诗芬著《公允价值:国际会计前沿问题研究》,湖南人民出版社,2004。

关联关系，进行不公允交易，操纵利润。更有甚者，为掩人耳目，将关联方交易非关联化，以逃避有关部门的监管。由于关联方交易具有隐蔽性，经营者往往利用其信息优势，在判断是否存在关联方交易时有意识地隐瞒关联方交易性质，以误导财务报告使用者。例如，美国安然公司违反公认的会计准则有意识地隐藏了大量的重要信息及高度复杂的关联交易，多年以来其财务报表在华尔街无人真正理解，最终导致自身破产，成为美国历史上最大规模的破产案之一。注册会计师和政府监管部门要保持警惕，采取有力措施，防范企业为操纵利润滥用关联方交易情况的发生。

三、经营者滥用会计职业判断的管制

对于会计职业判断中的机会主义行为，我们可以依靠加强职业道德建设、树立正确的企业伦理观念、培养诚实守信的企业文化，通过无形的内省的道义力量来约束经营者与会计人员。但在经济利益的诱惑面前，道义的力量有时会失去作用，因此，加强制度建设，从所有权安排和会计准则制定权合约安排入手，将会计准则剩余制定权在不同利益集团之间进行配置，才是根治经营者滥用会计职业判断进行机会主义选择的根本对策。至于如何进行制度设计，我们可以有如下两种方案❶：

一是会计准则剩余控制权的内部化配置。一般认为，公司治理结构是企业所有权安排的具体化，其决定了企业不同所有者之间的关系；决定了不同状态下由谁如何控制企业；风险和收益如何在不同的所有者之间分配。从本质上看，公司治理结构就是股东大会、董事会、监事会等如何通过制度安排来监督和控制管理当局的经营。在现行公司治理结构下，管理当局拥有会计准则剩余控制权，监事会和外部审计人员对会计准则内部控制权进行监督。现行的制

---

❶ 林重高，徐虹. 会计准则研究 性质、制定与执行. 北京：经济管理出版社，2007：402－404.

度安排虽然从形式上看符合执行权和监督权分离的要求，但是在具体实施过程中，由于管理当局能通过对董事会的控制、对监事会的架空、对外部审计人员的利益威胁，实质上管理当局将监督权亦纳入掌控之中。从而，使执行经营活动和对经营活动结果和绩效的计量和报告这两个不相容职责合而为一。造成了"王婆卖瓜，自卖自夸"和管理当局既当"运动员"又当"裁判员"的局面。因此，治理职业判断机会主义可以把会计准则剩余控制权在企业内部进行重新配置。具体而言，将原来由管理当局控制的财务会计部门独立出来，划归监事会领导；将会计准则剩余控制权赋予监事会和财务部行使；将对会计准则剩余控制权的监督权赋予管理当局和外部审计人员。此外，为保证监事会和财务部能客观、公正地行使会计准则剩余控制权，财务部人员的任免以及奖惩必须由监事会负责，不再受管理当局的控制；鉴于目前监事会容易被管理当局架空的状况，必须对监事的任职资格和业务能力作出明确要求。

二是会计准则剩余控制权的外部化配置。会计准则剩余控制权外部化配置的设计可以借鉴现行独立审计的制度安排。首先，成立一个半官方的独立组织（财务会计协会），并赋予财务会计协会对全国的职业会计人员的管理权（资格认定和业务管理）；其次，企业只能从财务会计协会聘请会计人员；再次，会计人员遵循政府制定的一般通用会计准则，并根据相应的会计职业判断行使会计准则剩余控制权（包括会计职业判断权）以公允反映企业财务状况和经营成果；最后，由外部审计人员对会计人员遵循一般通用会计准则和制定剩余会计准则进行监督。这样，就将原先属于管理当局的剩余控制权分割出来，安排给财务会计协会和会计人员，从而解决了由于所有权安排和会计准则制定权合约安排所导致的职业判断中机会主义行为，甚至是会计信息失真等一系列问题。但此种方案中，将会计准则剩余控制权配置给财务会计协会和会计人员，会产生如何对财务会计协会和会计人员进行有效的激励和约束的问题。我们认为，对财务会计协会的最终监督权在我国应当赋予全国人民代表大会财经委员会,而在实际操作中监督权也可由人民代表大会转授给财政部和证监会,但保留最终审核权。对于会计人员而言,其工资福利应当由企业负担,但标准应当由财务会计协会依据会计人员的职称水平确定,并且对会计人员的考核和奖惩只能以是否公允反映了企业财务状况和经营成果为依据,而不能与企业的利润挂钩。对于会计人员是否公允反映企业的财务状况和经营成果可以依据外部审计人员对会计信息质量判断的审计结论为基础,由财务会计协会进行相应的奖惩。

第七章　会计职业判断质量改善

新企业会计准则加大了会计职业判断的范围、深度和广度,也给会计职业判断提出了更高的要求。而现实的会计职业判断状况已远远不能满足会计信息使用者的需求,如何提高会计职业判断的质量已成为当务之急。本章在研究会计职业判断质量评价标准的基础上,探讨影响会计职业判断质量的因素,并从系统论的角度提出从三个层面采取有效措施提高会计职业判断质量的对策建议。

第一节　会计职业判断质量的评价标准

会计信息的质量取决于会计标准的质量与会计标准的执行。科萨里(2000)认为:会计信息的质量是会计准则的质量和会计准则的实施效率的函数。而会计标准的执行在一定程度上是一系列会计职业判断的过程。会计职业判断质量的高低直接影响着会计信息的质量。因此,要想取得高质量的会计信息,就必须有高质量的会计职业判断。但什么是会计职业判断的质量?如何来评价会计职业判断的质量呢?

一、会计职业判断质量的含义

在界定什么是会计职业判断质量之前,我们首先看一下质量的概念及其演变。随着科学技术和经济的发展,人们对质量的需求不断提高,质量的概念也随之不断发生变化。具有代表性的质量概念主要有:"符合性质量",即认为质量是指与一定的标准符合程度;"适用性质量",它是以适合顾客需要的程度作为衡量的依据,即从使用的角度来定义质量,认为产品质量是产品在使用时能成功满足顾客需要的程度；"顾客满意质量"，即"广义"的质量，它是以顾客的满意程度来界定质量的。由此可知，质量的概念是从"符合"、"适用"到"顾客满意"不断演变的。❶

根据对质量的一般被理解即"符合性质量"，有人把会计职业判断的质量定义为会计职业判断与一定标准的符合程度。这个定义简明扼要，容易理解，但由于会计职业判断是一种思维活动，不可避免地具有主观性的特征，这种无形性和主观性使质量评价标准很难明确，这使得会计职业判断的质量难以评判。笔者认为，根据质量概念的演变过程，从目的角度来定义质量是比较合适的，即会计职业判断的质量是根据判断生成的会计信息的决策有用性程度决定的，由判断生成的会计信息的决策有用程度越高，会计职业判断的质量就越高。

二、会计职业判断质量的评价标准

对于会计职业判断，我们通常关注的是判断结果，而对判断过程则重视程度不够。结果虽然重要，但产生结果的过程或程序同样重要。谢德仁认为，程序理念在会计领域发挥着相当重要的作用，他指出："根据程序理性观，会计强调的是会计确认、计量、记录与报告等行为程序（尤指包含于程序之中的方法）之理性。因此，会计信息的真实性并不体现在它自身是多么'真实'，而在于它是否依照该国公认的会计规则及其合约制定权安排进行加工处理，若是，那就是'真实'的。"❷ 阎达五、李勇认为："在人是'有限理性'的前提下，我们应当侧重程序理性，加强对行为过程的考核'控制'，只要程序合理、过程规范，结果理性自是程序理性的必然

---

❶ 质量概念的演变，http：//finance.sina.com.cn/20050314/08551426885.shtml。

❷ 谢德仁. 会计信息的真实性与会计规则制定权合约安排. 经济研究，2000，5：49.

结果,而不应刻意追求结果理性、倒置本末。"❶ 因此,我们首先分析一下会计职业判断过程及其与判断结果的关系。

(一) 会计职业判断过程与判断结果的关系

会计职业判断是一种会计行为,也是一种认知过程。会计职业判断过程与判断结果的关系主要表现在:(1) 判断过程对判断结果的决定作用。根据有限理性理论,过程理性强调的是过程对具体判断标准和程序的遵循程度;结果理性则强调结果对预定目标的符合程度;结果总是一定判断过程的结果,只要保证了判断过程的理性,结果才是可以接受的。在有限理性的前提下,结果理性是过程理性的必然结果,理性的会计职业判断过程决定着理性的会计职业判断结果。(2) 判断结果对判断过程的反馈作用。会计职业判断结果的出现可以作为一个职业判断过程完结的标志,但新的判断过程可能随之产生,由此不断形成判断的循环。判断结果会将信息反馈给判断主体,判断主体将从中吸取许多有价值的信息,及时修正自身的判断行为,这必将影响下一步的判断过程,使得判断过程趋于理性。总而言之,会计职业判断结果形成于判断过程,它是判断过程的终结,判断过程的理性化程度直接决定着会计职业判断结果的质量水平,同时判断结果也会对判断过程形成反馈。因此,构建会计职业判断质量的评价标准应从会计职业判断过程和结果两个层面考虑。

(二) 会计职业判断过程的评价标准

1. 理由的充分性

会计主体得出的每个判断结论都必须有充足的理由。任何判断都必须建立在一定的线索和证据的基础上,这些证据和线索就是会计主体作出判断的最根本的理由。一般而言,做出判断的理由越充分,会计职业判断质量就会越高,反之,判断的质量就越低。是否有充足理由,理由是否牵强,不仅可以用来衡量会计职业判断的质

---

❶ 阎达五,李勇. 找准治理会计信息失真的切入点——兼论"有限理性"理论在企业业绩评价中的运用. 财务与会计, 2002, 5: 9.

量，而且可以用来辨别是否存在滥用会计职业判断的行为。理由的充分性不仅是衡量会计职业判断质量的评价标准，也是对会计职业判断的要求。会计人员在做出职业判断时，必须尽可能收集充分的资料，综合考虑、分析各种因素，任何结论的做出都必须有充分、合理的理由，而且各个理由间不能相互矛盾。

2. 思维的逻辑性

从认知心理学看，会计职业判断是一个思维过程，因此就需要遵循思维的规律。在判断过程中，严格按照归纳、演绎推理等思维规律，要缜密思维，前后保持一致，经过科学的逻辑思维过程，得出的结论就能经受考验。例如，在判断商品销售收入事项是否实现时，就需要根据演绎推理的方式，在搜集有关数据资料的同时，依次考察收入确认的 5 个条件是否满足，当且仅当 5 个条件都具备时，才能确认收入的实现。如果仅满足 4 个条件，就得出结论收入可以确认，这就不符合思维的逻辑性标准。

3. 稳定性

稳定性是指针对同样的会计问题在不同时点所做出的判断之间的关系。亦即在不同的时点，在相同或相似的情况下，同一会计主体应当得出相同或者相似的结论。而且要求对同一会计事项的判断，在事件的基本情况没有实质性变化时，判断结论应该保持前后一致。稳定性强的会计职业判断才具有说服力和可信性，才具有比较高的判断质量。否则，如果面临相同或类似的情况，同一会计人员做出的判断结论却相差甚远，将很难让人相信判断结论的可靠性，甚至有滥用会计职业判断的嫌疑。当然稳定性不能完全等同于正确性，因为稳定性毕竟是单一会计人员的判断，假如会计人员在两次判断中出现了同样的偏误，其判断结果虽然相同，但判断却仍然是错误的。

（三）会计职业判断结果的评价标准

从根本上说，评价会计职业判断质量的标准应该是"准确性"，即与经济事实相符合。然而，在实践中，由于很多会计职业判断针对的事项具有不确定性,"准确性"几乎是找不到的,如对或有事项的判断与对资产减值的判断,等等。基于准确性的标准不具有可操作性,我们必须寻找退而求其次的替代标准。此时,可以借助一致性标准评价会计职业判断结果的质量。一致性,是指根据相同资料对同一会计事项的判断,某个判断者所做的判断应该和大多数人对同一事项的判断保持一致。在实务中,我们可以经验丰富的会计专业人士对同一事项所做的一致判断作为一致性的参照标准,例如,注册会计师的判断意见、会计专家的分析意见以及行业惯例等。我们可以通过与大多数人的一致意见进行对比,来评价某项会计判断的质量。

具体的会计判断质量评价标准之间并非相互独立,而是相辅相成的关系。这种关系可用三棱锥框架表示,见图7-1所示。基于过程理性决定结果理性的观点,高质量的判断过程是造就高质量会计职业判断的基础,会计主体只有遵循思维的逻辑性,在拥有充分的理由的情况下,一贯性地做出判断,才会做出获得同行普遍认同的判断结果;被广泛认可的判断结果是高质量会计判断过程的体现。由于会计职业判断结果的质量水平才是资本市场各参与方最能直接感知到的,所以将一致性标准作为会计职业判断质量评价框架

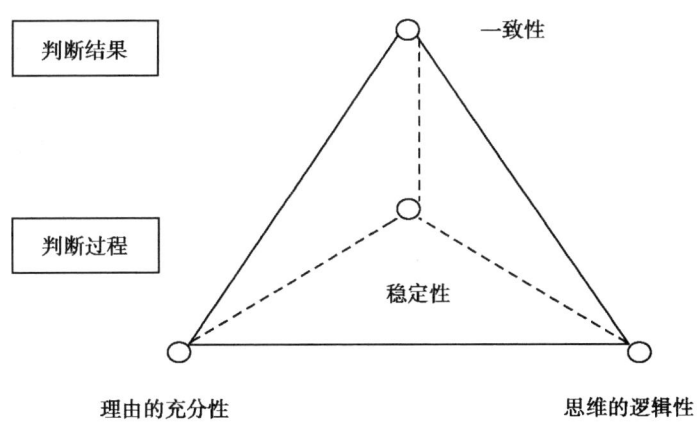

图7-1 会计职业判断质量评价框架

的逻辑终点。

第二节　会计职业判断质量的影响因素分析

会计职业判断的影响因素，笔者在前面章节分别从会计人员的职业判断与经营者的职业判断角度进行了阐述。影响会计人员职业判断的因素主要有：判断能力（专业知识有效经验、专业技能）、心理因素（动机、价值观、性格、气质、情感与情绪等）、环境因素（宏观环境与微观环境等）与职业道德等。影响经营者职业判断的因素主要有：行为动机、综合能力、品德修养等。这里，笔者主要从单个会计项目判断质量与整体判断质量两个层面予以简要分析。

一、单个会计项目判断质量影响因素分析

对于每一个单个的判断项目，影响判断质量的因素可以分为主体因素、客体因素与环境因素。前面在论及会计人员的职业判断时已有论及。在此，笔者特别强调的是判断情境的作用与判断者当时的情绪与情感。从认知心理学的角度考察，会计职业判断可以看做是一种心理活动过程，判断情境即具体判断活动所发生的环境，对会计职业判断质量的影响也不可忽视。影响会计职业判断质量的判断情境主要包括：任务环境、激励与压力。其中，任务环境是判断客体以及与其相关的各要素的总和，越是复杂的、不确定性越高的判断任务对职业判断能力的要求就越高，就越容易出现判断失误；激励主要是通过影响会计人员的主观努力程度，而对判断质量产生全面影响的；压力通过影响判断者的情绪、判断倾向、努力程度等而影响判断的质量。

判断者的情绪与情感，对判断质量的质量也会发生重要影响。情绪和情感是指人对客观事物是否符合自己的需要而产生的态度的体验。许多研究表明，不同性质的情绪可以导致不同的信息加工

方式，积极情绪与启发式加工策略相联系，而消极情绪与系统的精细加工相联系。著名工程历史学家皮特罗斯基（Petroski，1994）概括了在建桥史上失败与成功以 30 年为一轮的循环周期，是情绪影响信息加工方式的生动例证。❶ 企业经营者与会计人员在进行会计判断，也时常会受到情绪的影响，特别是在做出会计估计时，如果判断者处于积极的情绪下，就很可能得出乐观的估计，反之，但判断者处于消极的情绪下，往往就会得出悲观的估计。

将情绪作为效用引入决策的心理学理论主要是预期情绪理论。卢姆斯、萨格登（Loomes & Sugden，1982）和贝尔（Bell，1982）首先提出后悔理论，用以说明预期情绪在决策中的作用。该理论假设，如果决策者意识到自己选择的结果可能不如另外一种选择的结果时，就会产生后悔情绪，反之，就会产生愉悦情绪。这些预期情绪将改变效用函数，决策者在决策中会力争将后悔降至最低。许多研究证明了后悔理论。在提出后悔理论之后的第 4 年，卢姆斯、萨格登又提出失望理论。该理论假设，失望是当同时有几个结果，而自己的结果较差时体验到的一种情绪。与后悔理论一样，预期到的失望情绪通过改变效用函数影响决策，决策者在决策中会力避失望情绪的产生。后悔理论和失望理论均通过比较，将预期情绪引入决策过程：后悔理论强调不同选择间的比较，失望理论强调同一选择内不同结果间的比较。这种基于各选项或结果之间的比较而形成的参照点是十分重要的，它强调决策中各选项或结果之间价值的相互依赖和影响。经营者与会计人员进行会计职业判断时，也会考虑预期的期望效用，在不同的会计政策或方案中选择时，力求将后悔效应与期望效应造成的负效用降到最低。

二、整体判断质量影响因素分析

整体会计判断是由一个个单个项目的判断组成的，因此，整体

---

❶ 庄锦英. 决策心理学. 上海教育出版社，2006：197.

判断的质量当然取决于单个判断项目的质量。作为整体判断而言，影响判断质量的因素主要有判断者的判断能力与职业道德修养、判断环境、会计业务的复杂程度等，这些因素前面已经有所论述。还有一个能够长期制约会计职业判断质量的因素往往不被人重视，它就是会计职业判断的执行机制。由于判断是一种认知思维过程，如果没有有效的制度约束，那么就不可避免地产生随意性的判断，判断的质量就无从保证。有效执行机制的建立，对会计职业判断的恰当行使是一个长效机制，是一个根本性的制度保障。

会计职业判断的执行机制是指一套有利于企业进行会计职业判断的制度安排。借鉴会计准则的执行机制，笔者认为，会计职业判断的执行机制，按照发挥作用的方式不同，可以分为自我履行机制与强制履行机制。自我履行机制是一种不需要外部的强制性手段，凭借本身的制度安排就可以自动执行的制度安排，主要包括企业内部控制机制、公司内部治理机制、独立审计监督机制、经营者的信誉机制、媒体监督机制，等等。强制履行机制是必须依靠外部的强制性措施的实施，才能保障职业判断有效执行的制度安排，主要是指法律机制与政府监管。自我履行机制成本低，实施范围广，但有时缺乏保障性，强制性履行机制实施效果显著，但实施成本较高，实施范围受限。因此，两种作用机制在会计职业判断中应当协调配合，互相支持，共同发挥作用，缺一不可。

第三节 提高会计职业判断质量的对策

会计职业判断质量的提高是一项综合的系统工程，单靠某一方面，如提高会计人员的知识与技能，显然是不能起到良好效果的。因此，需要从多方面入手，多管齐下，标本兼治，才能真正改善会计职业判断的质量，从而提高会计信息的质量。笔者认为，从系统论的角度，应当从三个层面采取措施来提高会计职业判断质量，从个体层面，提高会计人员的职业判断能力和会计职业道德，提升经营者的综合判断能力与培育经营者的信誉资本；从制度层面，建立有效的会计职业判断执行机制，其中既包括自我执行机制，即健全的内部控制系统、完善的公司治理生态、有效的独立审计监督、健全的会计职业判断导引体系、运转良好的信誉机制与及时有效的公众媒体监督机制，又包括强制执行机制，即政府监管与司法诉讼；从改善环境层面，整个社会建立诚实守信的社会氛围，树立正确的企业伦理观念，完善市场体系建设。

一、从个人层面，提高判断主体的判断能力和道德水平

（一）提高会计人员的职业判断能力和职业道德水平

1. 转变观念，增强会计职业判断意识

在长期的以会计制度来规范会计实务的会计实践中，会计人员缺乏独立判断的意愿和行动，即使有，也可能会因经营者的不合作甚至抵制而难以实施，从而导致会计人员丧失独立判断的积极性，习惯于循规蹈矩，按图索骥，墨守成规，处理会计事项时照搬以前的做法，或者请示领导遵照执行。新的企业会计准则实现了与国际会计准则的实质性趋同，是以原则为导向的，更加注重反映会计事项的经济实质。这必然要求会计人员具有较高的职业判断力，不仅能处理会计准则中已作出明确规定的业务，还能对规定不明或没有规定的业务按照会计原则和惯例做出合理判断。

2. 提高会计人员的专业知识水平

会计职业判断是一种技术性很强的工作，只有具备较扎实的专业知识才能做好。以新会计准则体系培训为契机，将国际上先进的会计理念和会计方法传授给会计人员，不断提高会计人员的专业知识水平。会计人员应重视基础理论的学习，以新的会计准则培训为切入点，改进知识结构，努力培养分析问题和解决问题的能力，养成积极思考的习惯，做好会计职业判断的知识储备。

3. 不断训练提升会计职业判断技能

职业判断能力从根本上来说是一种职业培养、职业训练的结

果，只能通过持续、不间断地培养、训练，不断积累才能养成。这就要求会计人员必须在会计实务工作中善于分析、判断、综合、总结，养成一种良好的思维习惯，通过不断地积累，职业判断能力才会形成并得以不断提高。此外，会计人员还应该自觉从反馈中学习，积极防止判断偏差。从总体上来看，会计判断是一个"判断—行动—结果—再判断"的循环往复过程。会计人员正是在会计判断结果的不断反馈中不断修正其判断偏差，从而使其判断能力不断提高。

4. 改革高等院校的会计教育

一是重视对学生综合素质和能力的全面培养，包括建立符合知识经济时代的课程体系；坚持"宽口径、厚基础"的原则，加强基础理论教育；广泛开展案例分析教学和社会实践活动；重视校内、校外会计专业的岗位实习；建立一支具有创新精神和能力的高素质教师队伍等，从而培养学生的综合判断能力、应变能力，适应社会发展的需要。二是在各种会计技能考试中，相应增加会计职业判断科目或题目，作为提高会计人员职业判断能力的必要手段。

5. 提高会计人员职业道德水平

会计职业判断要求会计人员必须恪守客观、公正的职业道德，做到反映真实、不偏不倚，使其判断所产生的会计信息更加真实可靠。对于企业会计人员的职业道德，应当自律机制与他律机制相互配合，通过建立会计职业判断跟踪监督评价系统，不断完善道德奖惩机制，积极发挥职业组织和新闻媒体的监督作用，并通过整个社会诚信观念的培育形成一个有利的氛围，不断提升会计人员的职业道德水平。另外，在强调精神作用的同时，也不能忽视物质形式的鼓励与鞭策，逐步提高会计人员的经济报酬，使其能得到社会的充分重视和承认，也有利于增强会计人员防范道德风险的能力。

(二) 提升经营者的综合判断能力和培育信誉资本

1. 提升经营者的综合判断能力

经营者是企业经营的重心，在会计职业判断中发挥着举足轻重的作用。经营者在会计职业判断中主要负责会计政策的制定与选择、重大会计估计的决定与监督会计人员的职业判断。这就要求经营者具有深邃的洞察能力、高超的决策能力和娴熟的协调能力。因此，必须加强会计准则、会计法等相关法规培训，使经营者明确自身的职责定位，正确履行自身的职责，既不缺位，也不越位，并通过技能培训增强经营者在会计判断中权衡判断能力。

2. 培育经营者的信誉资本

经营者的品德修养是其做出合理、公允判断的保障。通过政策、法规的宣传，褒扬企业伦理精神，严惩违规经营，引导经营者树立正确的企业经营理念；通过教育、培训等措施，增加经营者的社会责任感，帮助经营者树立正确的价值观；通过社会诚信意识的培养，提高经营者的诚信水平。通过上述途径，不断提升经营者的品德修养。而经营者品德修养的提升，实际上就是一个信誉资本积累的过程。通过建立经营者的信誉机制，促进经营者为长远利益而放弃眼前利益，正确行使会计职业判断权。

二、从制度层面，建立健全会计职业判断的执行机制

在会计职业判断中，会计人员与经营者的职业道德对于恰当行使会计职业判断具有重要的作用。但道德作用的发挥主要依靠人的自省，在巨大的利益诱惑面前，道德的力量往往显得微不足道。因此，有必要建立健全会计职业判断的执行机制，通过制度建设，对会计判断主体给予激励与约束，为其作出恰当的职业判断提供制度保障。会计职业判断的执行机制，根据履行方式的不同，可以分为自我履行机制与强制履行机制。

（一）自我履行机制

1. 引入会计职业判断导引体系，建立会计判断释疑委员会

会计职业判断导引体系是会计监管部门或会计职业界为引导会计执业者正确理解会计原则、执行会计标准，而发布的包括各种指南、解释、公告、补充等一系列规范性文件以及通过教育、激励等

方式提高会计执业者职业道德素质的一个引导体系。建立一套会计职业判断导引体系，不仅可以为会计人员将会计标准贯彻到会计实务建立导引，而且可以为会计人员进行职业判断提供必要的依据。会计职业判断导引体系分为业务引导和人性引导两部分。❶ 业务引导体系是为了解释和规范会计职业判断在具体事务中的运用，对于有规可循的业务，根据发行主体和权威性，分别用权威性导引体系和非权威性导引体系进行引导；对于无规可循的业务，只能用会计理论、原则、目标进行引导。人性引导体系是通过制度、规则的制定，惯例、文化的影响，形成一种氛围，提高会计执业者的职业道德素质。通过业务导引和人性引导，使会计执业者在具备良好的职业道德素质的前提下，在进行会计职业判断时有法可依。通过会计职业判断导引体系的构建，弥补我国现行会计标准执行机制的缺陷，使会计执业者有效地执行会计标准，从而提高会计信息质量。"正如托马斯·格里沙姆先生四个世纪以前所说的劣币驱逐良币一样，拙劣的会计判断倾向于替代好的会计判断……就好的职业判断的特征做出说明可能是打破会计中格里沙姆定律循环或下行螺旋的最好方法"。❷

为了更好地指导会计职业判断，有必要设立会计判断释疑委员会或者会计标准释疑委员会，其职责是建议在各种情况下如何正确的运用会计准则，指导会计人员与管理人员做出恰当的会计判断，否则，他们往往会置身于判断空间而无所适从。每当特殊情况出现，由委员会收集判断存疑的事项和反映交易经济实质的证据，通过集体判断来解释准则中相应的规范部分并提供指南。委员会的工

---

❶ 王慧. 会计职业判断导引体系与会计标准执行机制的研究. 青岛海洋大学硕士论文, 2006: 44-49.

❷ [加] 迈克尔·杰宾斯, [加] 阿里斯特·K. 梅森. 财务报告中的职业判断. 北京: 经济科学出版社, 2005: 27.

作不仅可以反映现行准则的价值,而且还可以促进准则不断完善。❶

2. 健全企业内部控制

建立健全企业内部控制,对于防范化解风险、提高经营活动的效率与效果、促进企业遵循法律法规、保障财务报告的可靠性等具有重要意义。在会计职业判断方面,企业可以建立的内部控制制度有:会计职业判断的复核制度、重大职业判断的集体决策制度、内部审计监督制度、对会计人员的激励性管理制度等。❷

对于会计职业判断,企业应建立定期的复核制度,一般应有经验更丰富的会计人员进行抽查复核,及时发现问题,提出改进建议;对于重大的职业判断问题,则应该实行集体决策制度,发挥集体智慧,并可防止个人判断中的机会主义行为;对于会计人员的工作,可以由内部审计部门定期或不定期地予以审查,发挥审计部门的独立监督作用;对于会计人员的管理,企业应建立激励性管理机制,以会计人员的工作绩效为考核重点,对会计职业判断也应作为考核的重要内容。由于会计职业判断的专业性和内隐性,采取激励性管理较为合适。因此,企业管理当局应在合理的限度和范围内,满足会计个体合理的物质生活需要,并可将非物质奖励和较高的福利待遇作为额外的奖励,以激发会计人员内在的积极性。

3. 完善公司内部治理机制

公司治理是通过一套包括正式或非正式的、内部的或外部的制度或机制来协调公司与所有利益相关者之间的利益关系,以保证公司决策的科学化,从而最终维护公司各方面的利益。❸ 公司治理所形成的与利害相关者利益相关的一整套公司权利安排、责任分工和约束机制,即是治理机制。公司治理机制分为内部治理机制和外部

---

❶ 王跃堂,赵子夜.会计专业判断:基于盈余信息治理的思考.会计研究,2003,7:23.

❷ 企业的内部控制主要针对会计人员的职业判断发挥作用,对经营者作用不明显;对经营者进行监督与约束,主要靠完善公司治理机制.

❸ 李维安等.公司治理.天津:南开大学出版社,2001:31.

治理机制。内部治理机制是公司治理机制的核心,即通常所说的法人治理,其核心内容是公司内部的治理机构设置及其权力分布。通过完善公司内部治理机制,对经营者的职业判断进行约束与引导,以防止滥用会计职业判断的不良行为的发生。

(1) 改善股权结构。一股独大或股权高度分散的股权结构不利于内部公司治理机制作用的发挥,进而影响会计准则的有效执行。股权结构关系到会计准则在执行过程中是否被内部人控制,也是当前我国普遍存在会计信息失真的重要原因,股权结构不合理所带来的内部人控制问题,影响整个内部公司治理机制发挥作用。因此,通过法律规定以及相关政策的引导,实现合理的股权结构,为会计准则的有效执行提供长久的支持和激励。为防止大股东控制对中小股东的侵害,应设置股东提案制度。对中小股东利益的保护则是现代市场经济条件下公司法对股东利益保护中的一个特殊领域。股东提案制度是为了克服资本多数决定原则的缺陷,提升小股东的地位,保证公司股东会正常运作而由公司法赋予少数股东提出股东大会议案权利的制度。股东通过提案权的行使,有机会参与公司业务的经营决策,调和股东及经营者之间的利益关系,并可在一定程度上避免董事会的专权。

(2) 完善独立董事制度。独立董事制度是为了保护中小投资者的利益,有效制衡内部执行董事而引入的一项制度。完善独立董事制度,首先,应明确独立董事的责任。为避免独立董事的不作为或滥权行为发生,必须对他们应承担的责任及法律后果做出明确的规定。其次,完善独立董事的约束机制。促使独立董事投入更多的时间和精力到公司中,并坚持和维护公平公正的原则,使独立董事名符其实,强化独立董事的诚信勤勉义务。就目前我国上市公司独立董事普遍存在的诚信勤勉意识差的情况,应对独立董事每年的履职时间做出最低要求,在独立董事任职时应要求其签署有足够的时间和精力履行独立董事职责的承诺,并强化独立董事失职的责任追究机制。再次,建立健全的独立董事激励机制。对独立董事采取合理的激励制度包括收入激励、股权激励、声誉激励等。最后,提高独立董事在董事会中的比例。要使独立董事发挥对内部董事、控股股东和经营者的制约作用,必须大幅度提高独立董事在董事会中的比例。比例太小难以阻止内部董事和大股东代表通过董事会做出侵害中小股东利益的决策。所以应按照境外上市公司独立董事配置的标准,规定董事会中的独立董事人数应达到董事会人数的1/2以上。

(3)增强审计委员会的职能。审计委员会是董事会下属的最重要的委员会之一。董事会在制定财务会计政策方面应从审计委员会寻求指导,在选聘独立审计机构时,应由审计委员会做出决定。审计委员会的成员应由具有会计、财务和审计等相关专业知识的独立董事组成。从公司治理实务而言,审计委员会成为上市公司改革财务信息透明度的有效工具,对于上市公司管理层或大股东利用不实财务报告掩饰其经营不善或利益输出、欺诈等问题能有效予以防止,确保会计准则的有效执行。

(4)发挥监事会的监督作用。监事会在我国的公司治理结构中处于一种无足轻重的尴尬地位,其作用一直未得到有效发挥。因此,应着眼于监事会职能的发挥改善监事会,首先,从立法上保障监事会的独立性。针对我国公司治理中存在的"大股东控制"现象,应选出代表中小股东利益的监事,再辅之以部分外部监事。同时,对于监事会成员的任免、收入、福利等事项,应由股东大会决定,以保证监事的独立性。其次,扩大监事会的权力,提升监事会的权威。应在相关法律法规中,对监事会的职权进行明确规定,并给以经费上的保障。

4. 改善独立审计监督机制

注册会计师的审计判断是对企业会计职业判断的再判断,独立审计是防止会计职业判断滥用的一道重要防线。现有的独立审计监督机制弱化,未能有效发挥职能。为此我们可以采取如下措施:首先,应建立由独立于管理层的审计委员会(主要由独立董事组成)选聘注册会计师的机制,防止由管理者操纵选聘过程而形成自己选择审计师审查自己的情形；其次，应建立会计师事务所及注册会计师定期轮换制度，防止由于长时期的审计业务形成的利益关联关系；再次，加大对失职的注册会计师及会计师事务所的处罚力度，对于为迎合上市公司需求，对财务报表疑点"不作为"的注册会计师等中介机构应进行严厉查处，以此来促进注册会计师公正执业、独立判断；最后，要不断提升注册会计师的判断能力，逐步提高注册会计师的职业道德水准，逐渐加强注册注册会计师的风险意识和会计师事务所的质量控制。

5. 培育信誉机制

在契约经济学里，信誉与非正式契约的履行有关。由于非正式契约通常是不完备并且是隐含的，不具有法律强制性，因此这类契约主要通过信誉机制自我履行。在契约自动履行的逻辑下，信誉的本质是契约主体为了交易的长远利益而自觉遵守契约承诺。会计契约的自我履行是以缔约当事人的信誉资本作为基础的，当信誉资本价值的收益超过了违约收益时，信誉的损失威慑就可促使其自动履约。信誉资本的积累是以当事人过去的行为记录和履约的历史情况如诚实、诚信情况为基础的，当事人的信誉记录越长，其积累的信誉资本就越大，同时，违约给其造成的信誉贬值损失就越大。会计契约自我履行机制的具体作用机理就在于一种私人惩罚机制的形成，而私人惩罚机制赖以为基础的是信誉资本的损失。它有两种具体形式，一种是与交易者交易关系终止有关的未来损失，尤其是这种交易契约含有关系型专用投资时，另一种则是与交易者在市场上的直接信誉贬值有关的损失，这种市场上直接信誉效应导致了该交易者在未来与他人交易时的成本增加❶。由于会计职业判断是会计契约中的一项重要内容，且其具有思维内隐性的特征，其履行更需要依赖于经营者的诚信，这就需要大力培育经营者的信誉资本，并建立有利于经营者信誉资本形成与积累的制度环境。

---

❶ 姜英兵. 会计标准的执行. 东北财经大学博士论文, 2004: 96 - 97.

6. 发挥媒体监督机制

"阳光是最好的消毒剂"。要抑制企业滥用职业判断的不当行为，就必须充分发挥大众舆论监督的积极作用，使其置于公众的聚光灯下。为此，需要对媒体的社会功能进行准确定位，增强媒体的独立性和公正性，形成相应的法治秩序，制止外部在没有任何合理的法律依据的情况下随意对媒体进行不当干预。2001 年 3 月 5 日，《财富》杂志发表了一篇题为《安然股价是否太高?》提出对安然公司的质疑，间接引发了安然公司的崩溃；我国的《财经》杂志以一篇《银广夏陷阱》揭发了银广夏造假的黑幕，引发了中天勤会计师事务所的倒塌。对全球不同国家所作的比较研究表明，新闻媒体的舆论自由程度与政府效率、廉洁程度、证券市场发展水平之间存在着很强的正相关性。在独立的媒体对不当行为（如会计造假、内幕交易）予以公开，以及大量受良好教育的投资者读报，和对不当行为的谴责、制裁的情况下，私人私下控制收益将会更受到限制（Zingales，2000）❶。在会计准则执行过程中，特别是涉及会计舞弊时，新闻媒体的监督作用就显得格外重要。

（二）强制履行机制

1. 政府监管

加强政府对会计工作的监督作用，需要国家财政、审计、证券监管等部门依法加强对企业的财务检查和审计，尤其是要加强监督和检查企业对会计准则、制度的执行情况，以约束企业会计职业判断的随意性，增强会计信息的真实性和公允性。一旦发现企业借职业判断之名弄虚作假和违反财经纪律的，必须及时予以纠正或处理，情节严重的要给予相应的经济制裁、行政处罚以及移交司法机关处理。政府监管要注重实效，有一定的针对性和前瞻性。例如，在新企业会计准则刚刚颁布执行时，就有人担忧新准则的出台会诱发"赶集"现象，即由于新准则有关资产减值准备一经提取不得转

---

❶ 姜英兵．会计标准的执行．东北财经大学博士论文，2004：110．

回的规定可能会导致 2006 年年底前企业将减值准备突击冲回。财政部未雨绸缪，及时作出部署，在 2006 年年报中严查减值准备提前转回现象，保证了新会计准则的顺利实施。政府监管既不能缺位，也不能越位，防止监管不足或监管过度等不合理现象的出现。

2. 法律机制

加强法律规范建设与完善法律执行机制，可以有效防止企业管理者利用会计政策选择，蓄意做出错误的会计判断，制造虚假的会计信息。法律机制作为一种强制性的会计契约履约机制，其功能在于提供一种契约争议私下解决的参照物，而并不是直接参与会计契约纠纷的调解与平息。法律机制通过提供提供一种参照系统，发挥其威慑作用，从而诱导经营者和会计人员选择社会最优的行为，在会计工作中保持客观与公正，放弃滥用会计职业判断的非法之念。我国现有的法律，如会计法、公司法、证券法的等对会计信息违规处罚的规定明显偏轻，而在执行过程中又打了不少折扣，这就使得法律机制的威慑作用没有得到有效发挥。在民事赔偿方面，我国应借鉴西方国家的集体诉讼制度，对上市公司"虚假信息陈述"采取股东集体诉讼制度，并放松适用条件，使之真正发挥作用。唯如是，才能对滥用会计职业判断等违规行为起到强大的震慑作用。

三、从环境方面，完善会计职业判断的支撑环境

（一）构建社会诚信体系

市场经济的实质是契约经济、信用经济，诚信是现代市场经济发展的基石。没有诚信就没有经济秩序，市场经济就不可能健康发展。党的十六届六中全会提出建设社会主义和谐社会。和谐社会应当是一个以诚为本、法制健全、道德良好、人际关系融洽的社会，是一个公平、公正的社会。和谐社会建设需要构建一个广泛的信用体系，必须加快建立以政府信用为关键、经济信用为重点、法制信用为保障、群众道德信用为基础、教育信用为先导的社会信用监督和保障体系。建立诚信信息系统，让社会共享；建立诚信奖惩机

制,使诚信者因诚信得到益处,使失信者付出必要的代价,必须运用道德、舆论、经济和法律的各种手段惩罚失信行为。通过建立健全社会信用监督体系,特别是会计诚信的建设,可以促使经营者与会计人员在会计工作中诚实信用、客观公正进行职业判断。如果滥用职业判断将会被记录在会计诚信档案中,并会因此付出沉重的代价,这必然会抑制会计职业判断不当行为发生的概率。

(二) 塑造企业伦理观念

在当前经济转型过程中,众多的优秀企业用实践证明了企业伦理在现代企业管理中的地位和作用越来越凸现,并且是企业可持续发展的优势来源。企业伦理在会计工作中的作用主要体现在:一是可以指导企业选择正确的会计目标,并在会计目标的引导下,在会计准则的灵活性范围内,选择正确的会计政策和会计处理方法,以实现会计行为自身效用和企业价值的最大化;二是可以引导经营者与企业会计人员的会计行为,提高会计职业道德,保证企业诚信的实施,协调企业与各利益相关者的关系,促进市场经济的健康运行。因此,在企业会计活动中,科学地运用企业伦理,能促使企业同时拥抱利润和灵魂❶。通过大力推进企业伦理建设,在全社会倡导企业伦理价值观,重塑会计诚信的社会经济环境。实践证明,会计职业道德问题实际上就是企业道德问题,只有企业伦理建设得到重视,才能有良好的企业道德,而会计职业道德才能得到正确的规范和引导,并真正促进会计职业道德的发展和升华。

(三) 培育健全的市场环境

新的会计准则的运用对市场环境的要求较高,特别是公允价值的运用更是对市场环境提出了新的挑战。市场环境成为制约公允价值使用的"瓶颈"。公允价值之所以受到较为严格的限制而没有广泛运用的根本所在就是我国的市场环境还很不成熟,很多商品或要

---

❶ 黄曦. 经济转型期中国企业伦理与会计诚信的互动性研究. 事业财会,2007,4:44.

素不存在活跃市场，公开报价难以获得，为防范企业管理当局利用公允价值操纵利润而不得已而为之。因此，大力发展我国的市场体系，培育健全的市场环境，是经济发展的客观要求，也是应用新会计准则的迫切需要。我国应进一步打破行政性垄断和地区封锁，健全全国统一、开放的市场体系；继续发展土地、技术和劳动力等要素市场，规范发展各类中介组织，完善商品和要素价格形成机制；继续深化资本市场改革，优化股权结构，并推进期货、期权市场建设；大力发展房地产市场，促进"二手房"市场的流通。此外，我们还要推进经理人市场建设，促进经理人信誉机制作用的发挥，推动资产评估市场的发展，为企业会计准则的有效实施提供一个可靠的基础。

（四）建立社会对账系统

社会对账是相关的经济组织进行会计信息有效沟通的一种方法。复式记账原理为社会对账的实施提供了理论依据。在整个经济生活中，根据会计恒等式和借贷记账法的记账规则，要求借贷相等，开支和来源平衡，一个或多个经济组织的资产必然等于另一个或多个经济组织的权益。银行对账单与银行存款日记账相核对就是目前已经普遍采用的一种社会对账方式。社会对账的基本目标是实现信息对称，消除虚假的、不充分的会计信息。在现代的经济环境下，会计信息网络的出现，大大提高了对账的速度、丰富了对账的内容。企业所有的会计信息都可以通过网络递送，Internet 为社会对账的实施提供了技术保障。社会对账系统的建立，消除了交易双方之间的信息不对称，大大降低了会计职业判断中信息的不确定性，能够有效减少会计信息失真。

附录　调查问卷

尊敬的先生/女士：

您好！基于研究的需要，我们设计了这份问卷，恳请您帮助回答，不胜感激。

本问卷为无记名问卷。请您独立回答问卷中的问题，回答无所谓对错，只要反映您的真实情况和看法就是最佳答案，就会对我们的研究有很重要的价值。本项研究纯属学术性质。

期盼您能拨冗填答，谢谢您的支持！祝您万事如意！

第一部分

1. 会计职业判断在会计工作中是否重要？（　　）

    A. 非常重要　　B. 重要　　C 比较重要　　D 不重要

2. 会计职业判断对会计信息质量的影响是否重要？（　　）

    A. 非常重要　　B. 重要　　C. 比较重要　　D. 不重要

3. 会计人员的判断能力对作出恰当的会计判断是否重要？（　　）

    A. 非常重要　　B. 重要　　C. 比较重要　　D. 不重要

4. 会计人员的职业道德对作出恰当的会计判断是否重要？（　　）

    A. 非常重要　　B. 重要　　C. 比较重要　　D. 不重要

5. 企业中会计职业判断的主体是（　　）。

    A. 企业会计人员 B. 管理当局　C. 会计人员与管理当局

6. 会计职业判断有规律可循吗？（　　）

    A 完全有　　B. 基本上有　C. 有时候有　　D. 很少有

7. 我国会计人员的职业判断水平状况如何？（　　）

A. 非常高　　B. 比较高　　C. 一般　　D. 非常低

8. 最终对会计职业判断负责的是（　　）？
A. 会计人员　　　　　　B. 管理当局
C. 管理当局与会计人员　　D. 视情况而定

第二部分

9. 在会计工作中，您能够主动地运用会计职业判断吗？（　　）
A. 完全能　　B. 基本能　　C. 基本不能　　D. 完全不能

10. 在会计工作中，你能够作出高质量的会计职业判断吗？（　　）
A. 完全能　　B. 基本能　　C. 基本不能　　D. 完全不能

11. 在会计工作中，您是否努力作出高质量的专业判断？（　　）
A. 完全是　　　　　　　B. 大多数情况下是
C. 大多数情况下不是　　D. 完全不是

12. 促使您努力做出高质量的专业判断的原因是（　　）。
A. 激励制度　　B. 职业道德　　C. 法律责任　　D. 个人信誉
E. 其他　　　　　　　　　F. 此题不适用

13. 在会计工作中，您是主要根据经验作出判断的吗？（　　）
A. 是　　　　　　　B. 不是

14. 在进行会计判断的过程中，您会向其他人咨询吗？（　　）
A. 不会　　B. 有时会　　C. 经常会　　D. 每次都会

15. 在作出职业判断时，是否经常受到管理当局的干预？（　　）
A. 不会　　B. 有时会　　C. 经常会　　D. 每次都会

16. 在作出判断时，您能保持独立性吗？（　　）
A. 完全独立　　B. 部分独立　　C. 基本不独立　　D. 完全不独立

17. 新会计准则应用职业判断的范围与以前相比，是（　　）。
A. 大幅增加　　B. 小幅增加　　C. 基本不变　　D. 有所减少

18. 在新企业会计准则中，您判断下列项目需要运用会计职业判断的难度。（请在相应的数字上打钩）

其中：5 代表"非常难"，4 代表"难"，3 代表"比较难"，2 代表"容易"，1 代表"非常容易"。

项目	5 非常难	4 难	3 比较难	2 容易	1 非常容易
（1）投资性房地产					
（2）资产减值					
（3）非货币性资产交换					
（4）债务重组					
（5）金融工具					
（6）公允价值计量					
（7）或有事项					
（8）关联方交易					
（9）借款费用					
（10）所得税					
（11）租赁					
（12）报表披露					
（13）企业合并					
（14）合并企业报表					

19. 在会计信息可靠性与相关性之间进行权衡时，你如何选择？（   ）
    A. 优先考虑可靠性
    B. 优先考虑相关性
    C. 给可靠性与相关性同样的权重

20. 运用"实质重于形式"原则时,您能够辨识交易或事项的实质吗?( )

  A. 总是能够辨识   B. 有时无法辨识

  C. 经常无法辨识   D. 总是无法辨识

21. 在实际工作中,你会利用"实质重于形式"的原则进行盈余管理吗?( )

  A. 不会   B. 有时会   C. 经常会   D. 每次都会

22. 公允价值的应用是否能显著提高会计信息的相关性?( )

  A. 是   B. 否

23. 公允价值提供的会计信息可靠性是( )。

  A. 可靠   B. 比较可靠   C. 比较不可靠   D. 不可靠

24. 在会计信息可靠性与相关性之间进行权衡时,你如何选择?( )

  A. 优先考虑可靠性

  B. 优先考虑相关性

  C. 给可靠性与相关性同样的权重

25. 您能够把握公允价值能够取得并可靠计量的适用条件吗?( )

  A. 完全能   B. 部分能   C. 基本上不能   D. 完全不能

26. 在非货币性资产交换中需要判断该交换是否具有商业实质,您能够把握什么是商业实质吗?( )

  A. 完全能   B. 部分能   C. 基本上不能   D. 完全不能

27. 公允价值的应用是否一定要有活跃的市场?( )

  A. 是   B. 不一定   C. 不是

28. 您经常运用的公允价值的确定方法是( )。

  A. 市场法   B. 收益法   C. 成本法   D. 其他

29. 您能够把握公允价值计量的应用级次吗?( )

  A. 完全能   B. 部分能   C. 基本上不能   D. 完全不能

30. 您在工作中使用现值技术吗？（　　）

　　A. 经常　　　　B. 有时会　　C. 很少会　　　D. 没有使用

31. 采用现值技术估计公允价值的结果可靠吗？（　　）

　　A. 可靠　　　　B. 比较可靠　C. 比较不可靠　D. 不可靠

32. 采用现值技术估计公允价值的难点是（　　）。（可多选）

　　A. 预计未来的现金流量　　　B. 判定适用的折现率

　　C. 判定现金流量的期间　　　D. 考虑风险因素的影响

33. 您会运用估价技术模型（比如期权定价模型）计算公允价值吗？（　　）

　　A. 会　　　　　　　　　　B. 不会

34. 采用公允价值计量会造成企业利润的波动吗？（　　）

　　A. 较大波动　　B. 较小波动　C. 基本上没有影响

35. 采用公允价值计量会引发大量的盈余管理吗？（　　）

　　A. 肯定　　　　B. 很可能　　C. 可能　　　　D. 较小可能

　　E. 不可能

36. 您认为公允价值在新准则中应用中的难点是：（　　）。（可多选）

　　A. 公允价值概念弹性大，难以把握

　　B. 缺乏具体、细致的指南

　　C. 公允价值应用条件不好把握

　　D. 公允价值难以确定（特别是需要估价的情况下）

　　E. 缺乏应用公允价值的市场环境

37. 请资产评估机构来确定公允价值可行吗？（　　）

　　A. 可行　　　　B. 不可行　　C. 不清楚

38. 资产评估机构确定的价值一定是公允价值吗？（　　）

　　A. 是　　　　　B. 有时是　　C. 不是　　　　D. 不清楚

39. 资产评估的结果可信程度如何？（　　）

　　A. 完全可信　　　　　　　B. 部分可信

　　C. 基本不可信　　　　　　D. 完全不可信

40. 您认为以下哪些因素对会计职业判断有影响，影响程度如何？（请在相应的数字上打钩）

其中：5 代表"非常重要"，4 代表"重要"，3 代表"比较重要"，2 代表"不重要"，1 代表"基本无关"。

会计职业判断的影响因素	5 非常重要	4 重要	3 比较重要	2 不重要	1 基本无关
（1）会计人员的经验					
（2）会计人员的专业知识					
（3）会计人员的分析能力					
（4）会计人员的记忆水平					
（5）会计人员的道德水平					
（6）会计人员的性格					
（7）企业对会计人员的激励制度					
（8）会计业务的类型					
（9）会计业务的复杂程度					
（10）会计工作的时间压力					
（11）会计准则/会计制度的完善程度					
（12）内部控制的健全程度					
（13）公司治理结构的完善程度					
（14）企业管理者的影响					
（15）社会环境的影响					
（16）文化传统的影响					

41. 您认为影响我国会计人员职业判断质量的主要原因是（　　）。（可选多个答案）
　　A. 会计人员素质低　　　　B. 缺乏相关的培训
　　C. 会计准则/制度不完善　　D. 会计人员缺乏独立性
　　E. 缺乏对会计人员的激励制度　F. 会计责任轻
　　G. 其他（　　　　　　　）（请写明具体内容）

42. 您认为在会计职业判断中最难的症结问题是（　　）。
　　A. 现有会计准则、制度中没有规定，无从下手
　　B. 缺乏足够的资料，信息不充分
　　C. 领导干预，要求不恰当使用职业判断
　　D. 能力受限，无法识别事项的本质

43. 您认为以下措施对提高我国会计人员的职业判断水平的有效程度如何？（请在相应的数字上打钩）

其中：5 代表"非常有效"，4 代表"有效"，3 代表"比较有效"，2 代表"一般"，1 代表"基本无效"。

项目	5 非常有效	4 有效	3 比较有效	2 一般	1 基本无效
（1）加强有关会计判断的理论研究					
（2）加强职业技能培训					
（3）制定会计职业判断指南					
（4）在判断过程中向他人咨询					
（5）完善会计准则					
（6）进行集体判断					
（7）建立激励会计人员的有效机制					
（8）建立完善公司治理结构					

续表

项目	5 非常有效	4 有效	3 比较有效	2 一般	1 基本无效
（9）加大会计人员的责任					
（10）其他					

第三部分：背景资料

您的年龄是（　　　）。
A. 30 岁以下　　　　　　　　B. 30~40 岁
C. 40~50 岁　　　　　　　　D. 50 岁以上

您从事会计工作的时间是（　　　）年。
A. 0~3 年　　　　　　　　　B. 3~10 年
C. 10~20 年　　　　　　　　D. 20 年以上

您的性别是（　　　）。
A. 男　　　　　　　　　　　B. 女

您的职称是（　　　）。
A. 高级会计师　　　　　　　B. 会计师
C. 助理会计师　　　　　　　D. 其他

您的职务是（　　　）。
A. 单位负责人　　　　　　　B. 总会计师/财务总监
C. 会计机构负责人　　　　　D. 一般会计人员
E. 其他

您的最高学历是（　　　）。
A. 研究生及以上　　　　　　B. 本科
C. 大专　　　　　　　　　　D. 高中\中专
E. 其他

您所在的单位是否实施了《会计准则2006》？（　　　）
A. 已实施　　　　　　　　　B. 准备实施
C. 没有实施

您是否具备注册会计师资格（　　　）。
A. 是　　　　　　　　　　B. 不是
您所学的专业是（　　　　　　　）。
衷心感谢您的参与，谢谢！

参考文献

一、中文参考文献

[1] 王军．乘势前进　加快发展　再创会计工作新佳绩．会计研究，2006（1）．

[2] 王军．学习好　宣传好　贯彻好新会计准则　全面提升会计工作在经济社会发展中的服务效能．会计研究，2006（8）．

[3] 王军．加快健全我国企业内控标准体系和会计师事务所内部治理机制．会计研究，2006（9）．

[4] 王军．认真学习贯彻企业会计准则体系 切实维护资本市场稳定持续发展．会计研究，2007（1）．

[5] 王军．立足国情 放眼世界 迎接会计理论研究的美好明天．会计研究，2007（6）．

[6] ［加］迈克尔·杰宾斯，［加］阿里斯特·K.梅森．财务报告中的职业判断．胡志颖，邵红霞，刘刚译．北京：经济科学出版社，2005．

[7] 张继勋．审计判断研究．大连：东北财经大学出版社，2002．

[8] 李衍华．普通逻辑学．北京：高等教育出版社，1989．

[9] 杨荣辉．会计职业判断探微．财会月刊，2001（14）．

[10] 戴德明，周华，蒋娜．会计规范的形式变迁：理论解释与优化思路．天津商学院学报，2001（6）．

[11] 朱星文．会计职业判断与提高会计信息质量．当代财经，2002（11）．

[12] 张世兴等．会计职业判断．中国海洋大学学报（社会科学版），2003（2）．

[13] 夏博辉．论会计职业判断．会计研究，2003（4）．

[14] 杨家亲，许燕．会计职业判断研究．会计研究，2003（10）．

[15] 徐玉德．会计职业判断绩效、影响因素及其校正．中央财经大学学

报，2006（11）.
[16] 林斌．论不确定性会计．会计研究，2000（6）.
[17] 王会林．试论企业会计行为及其影响的因素．经济师，2002（8）.
[18] 石本仁，赖红宁．会计人员职业判断能力的培养．财会通讯，2000（10）.
[19] 唐松华．企业会计政策选择的经济学分析——必然性·影响因素·立场．会计研究，2000（3）.
[20] 冯淑萍．关于我国当前环境下的会计国际化问题．会计研究，2003（2）.
[21] 美国证券交易委员会著．对美国财务会计报告采用以原则为基础的会计体系的研究．财政部会计司组织翻译．北京：中国财政经济出版社，2003.
[22] 张世兴，孙丹，李玉玲等．从会计准则的未来发展看会计职业判断．税务与经济，2003（5）.
[23] 谭劲松，丘步晖，林静容．提高会计信息质量的经济学思考．会计研究，2000（6）.
[24] 林钟高，章铁生．公司治理与公司会计．北京：经济管理出版社，2003.
[25] 王开田．会计行为论．上海：上海财经大学出版社，1999.
[26] 吕博．论会计行为动机．会计之友，2000（11）.
[27] 薛求知，黄佩燕等．行为经济学—理论与应用．上海：复旦大学出版社，2003.
[28] 石本仁，赖红宇．会计人员职业判断能力的培养．财会通讯，2000（11）.
[29] 陈春霞，宋振水．谨慎性原则的运用与会计职业判断能力．财会通讯（综合版），2006（6）.
[30] 奥尔森．集体行动的逻辑．上海：上海人民出版社，2003.
[31] 瓦茨与齐默尔曼．实证会计理论．陈少华等译．大连：东北财经大学出版社，1999.
[32] 詹林和麦克林．专门知识、一般知识和组织结构．载契约经济学．北京：经济科学出版社，1999.
[33] 周其仁．市场里的企业：一个人力资本与非人力资本的特别契约.

经济研究，1996（6）．

[34] 林钟高，徐虹．会计准则研究：性质、制定与执行．北京：经济管理出版社，2007．

[35] 孟德斯鸠．论法的精神．北京：商务印书馆，1961．

[36] 史彬．"合法使用"和"滥用"知识产权的辨析．商场现代化，2006（4）（下旬刊）．

[37] 陈少华．防范企业会计信息舞弊的综合对策研究．北京：中国财政经济出版社，2003．

[38] "安然事件及其启示"，http：//www.cicpa.org.cn/news/newsaffix/2234_200313_13.htm．

[39] 李明辉．结果理性抑或程序理性．当代财经，2005（6）．

[40] 西蒙．西蒙选集．黄涛译．北京：首都经济贸易大学出版社，2002．

[41] 熊燕．会计信息失真研究：基于博弈论的分析．首都经济贸易大学硕士论文，2006．

[42] 吴联生．会计信息失真的"三分法"：理论框架与证据．会计研究，2003（1）．

[43] 吴联生．会计域秩序与会计信息规则性失真．经济研究，2002（4）．

[44] 薛求知，黄佩燕等．行为经济学—理论与应用．上海：复旦大学出版社，2003．

[45] 从艺术到魔术 - 上市公司滥用会计估计粉饰报表，http：//doc.esnai.com/showdoc.asp? docid = 2101．

[46] 谢诗芬．公允价值：国际会计前沿问题研究．长沙：湖南人民出版社，2004．

[47] 陈美华．公允价值计量基础研究．北京：中国财政经济出版社，2006．

[48] 张世兴，高洁，赵玉等．会计职业判断——影响会计信息质量的重要因素．现代会计，2003（6）．

[49] 张世兴．会计职业判断导引体系及其内容构成．财会通讯，2004（7）．

[50] 朱小平．会计理论与方法研究．北京：中国人民大学出版社，2003．

[51] 夏冬林．财务会计信息的可靠性及其特征．会计研究，2004（1）．

[52] 夏冬林．准则体系凸现可靠性要求，http：//www.kj2000.com/kjasp/newinfo/content/2006_ 3/200631491544. html．

[53] 葛家澍，于玉林．会计学．第 2 版．北京：中国人民大学出版社，2003．

[54] 葛家澍，徐跃．会计计量属性的探讨—市场价格、历史成本、现行成本与公允价值．会计研究，2006（9）．

[55] 于永生，汪祥耀．美国新发布的"公允价值计量"准则及其启示．审计与经济研究，2007（5）．

[56] 财政部．企业会计准则 2006．第 1 版．北京：经济科学出版社，2006．

[57] 杨有红．捍卫"实质重于形式原则"扼制恶意操纵会计信息行为．财务与会计，2003（9）．

[58] 叶清辉．对重要性的再认识．厦门大学博士论文，2003．

[59] 吴水澎主编．中国会计理论研究．北京：中国财政经济出版社，2000．

[60] 葛家澍．关于在财务会计中采用公允价值的探讨．会计研究，2007（11）．

[61] 刘泉军，张政伟．新会计准则引发的思考．会计研究，2006（3）．

[62] 陆宇建，张继袖，刘国艳．基于不确定性的公允价值计量与披露问题研究．会计研究，2007（2）．

[63] 黄世忠．关注新会计准则：公允价值的十大认识误区．[http://www.cs.com.cn/ssgs/04/200705/t20070510_ 1099517. htm．

[64] 谢诗芬．公允价值应用的市场环境辨析．财经论丛，2001（1）．

[65] 质量概念的演变，http：//finance.sina.com.cn/20050314/08551426885. shtml．

[66] 朱小平，马元驹．论会计的程序公正．财会月刊，2004 年（1）．

[67] 庄锦英．决策心理学．上海：上海教育出版社，2006 年．

[68] 姜英兵．会计标准的执行．东北财经大学博士论文，2004．

[69] 王慧．会计职业判断导引体系与会计标准执行机制的研究．青岛海洋大学硕士论文，2006．

[70] 王跃堂，赵子夜．会计专业判断：基于盈余信息治理的思考．会计研究，2003（7）．

- [71] 李维安. 公司治理. 天津：南开大学出版社，2001.
- [72] 李月娥，熊丽. 模糊综合评判法在会计职业判断中的运用. 财会月刊（理论版），2007（4）.
- [73] 财政部. 企业会计制度. 北京：经济科学出版社，2001.
- [74] 阎达五，李勇. 找准治理会计信息失真的切入点——兼论"有限理性"理论在企业业绩评价中的运用. 财务与会计，2002（5）.
- [75] 陈燕. 基于会计职业判断的会计准则制定模式的现实选择. 南华大学学报，2004（3）.
- [76] 周珊. 会计职业判断的制度环境与道德风险. 巢湖学院学报，2003（5）.
- [77] 周占伟. 从会计信息失真谈会计职业道德建设. 云南财政与经济大学学报，2004（4）.
- [78] 谢德仁. 会计信息的真实性与会计规则制定权合约安排. 经济研究，2000（5）.
- [79] 付小平，张文贤. 会计行为独立性的探讨，上海会计，2003（12）.
- [80] 高璐. 英国会计标准执行机制的建设及其启示. 会计研究，2002（5）.
- [81] 葛家澍，刘峰. 会计理论. 第1版. 北京：中国财政经济出版社，2003.
- [82] 葛家澍. 会计基本理论与会计准则问题研究. 第1版. 北京：中国财政经济出版社，2000.
- [83] 葛家澍，杜兴强. 财务会计概念框架与会计准则问题研究. 北京：中国财政经济出版社，2004.
- [84] 耿建敏，李丽. 影响会计行为的内在因素. 经济论坛，2003（10）.
- [85] 谷祺. 会计标准的实施——一个制度框架. 现代会计与审计，2005（1）.
- [86] 何光军. 影响会计职业道德行为因素辨析. 中国农业会计，2004（4）.
- [87] 周一虹. 职业判断与提高会计信息质量. 商业时代·理论，2005（14）.
- [88] 莫磊. 基于职业判断能力的会计信息质量研究. 中国地址大学硕士论文，2007.

[89] 许燕．会计职业判断．天津大学博士论文，2004．

[90] 刘建秋．会计诚信契约：理论构架与实现路径研究．中南大学博士论文，2006．

[91] 杜兴强．契约·会计信息产权·博弈．厦门大学博士学位论文，2002．

[92] 黄孟藩，王凤彬．决策行为与决策心理．北京：机械工业出版社，1995．

[93] 黄世忠．资产减值准则差异比较与政策建议．会计研究，2005（1）．

[94] 黄文锋．上市公司会计政策选择行为研究．北京：经济科学出版社，2004．

[95] 黄文锋．论会计选择行为存在的根源．审计与经济研究，2003（7）．

[96] 贾子军．浅析会计规范的执行机制．山西财经大学学报，2002（5）．

[97] 姜英兵．会计标准执行机制框架构建．财务与会计导刊，2005（2）．

[98] 姜英兵．论会计标准的实施．大连：东北财经大学出版社，2005．

[99] 科斯，诺斯，威廉姆森等．制度、契约与组织．北京：经济科学出版社，2003．

[100] 张维迎．所有制、治理结构与委托代理关系．经济研究，1996（9）．

[101] 林钟高，魏立江．会计再造：美国《2002年萨班斯—奥克斯莱法案》启示录．北京：经济管理出版社，2004．

[102] 林钟高．会计行为论．大连：东北财经大学出版社，1999．

[103] 刘香云，缴国凤，续淑敏．实质重于形式与会计职业判断．中国农业会计，2003（6）．

[104] 张开华，黄爱华．控制会计职业判断主体行为的途径．财会通讯（综合版），2006（3）．

[105] 刘玉梅．完善企业会计规范执行机制的思考．事业财会，2003（2）．

[106] R. 科斯，A. 阿尔钦 D. 诺斯．财产权利与制度变迁—产权学派与

新制度学派译文集．上海：三联书店上海分店，1991．

[107] 吴联生，李辰．人类有限性与会计信息行为性失真．会计研究，2004（2）．

[108] 夏恩，桑德著．方红星主译．会计与控制理论．大连：东北财经大学出版社，2000．

[109] 谢盛纹．重要性概念及其运用：过去与未来．会计研究，2007（2）．

[110] 阎达五，李勇．找准治理会计信息失真的切入点——兼论"有限理性"理论在企业业绩评价中的运用．财务与会计，2002（5）．

二、英文参考文献

[1] Michael Gibbins. Propositions about the Psychology of Professional Judgment in Public Accounting. *Journal of Accounting and Economics*. April, 2001；85 – 107．

[2] Grant A. Brown, Roger Collins and Daniel B. Thornton. Professional Judgment and Accounting Standards. *Accounting, Organizations and Society*. 1993（4）．

[3] Robert Libby and Joan Luft. Determinants of Judgment Performance in Accounting Settings：Ability, Knowledge, Motivation, and Environment. *Accounting, Organizations and Society*. 1993.

[4] Ross. Skinner. Judgment in Jeopardy Knowledge, CA magazine, 1995, 14：16 – 21.

[5] Mason, Alister K., Gibbins, Michael, Judgment and U. S. Accounting Standards. *Accounting Horizons*, Jun 1991：14 – 24.

[6] Robert H. Ashton and Alison Hubbard Ashton. *Judgment and decision-making research accounting and auditing*. NewYork：Cambridge University Press, 1995.

[7] Dale Gislason. Enron and beyond. CGA Magazine, 2002, 36：5 – 6.

[8] Dale Gislason. Accounting standards-setting reform. CGA Magazine, 2002, 4：5 – 6.

[9] Ron Paterson. Better standards after Enron? *Accountancy*. 2002, 3：100.

[10] Jonathan Duchac. The dilemma of bright line accounting rules and profes-

sional judgment: Insight from special purpose entity consolidation rules. *International Journal of Disclosure and Governance*, Oct 2004; 1, 4: 324.

[11] Randall W. Renfro. 2000. The Role of Professional Judgment in the Application of U. S. Accounting Standards: an Experimental Study of the Effect of Professional Judgment on Financial Reporting Decision of Accountants. *Dissertation for the Degree of Doctor of Philosophy*, Florida Atlantic University.

[12] Sarah E. Bonner. Judgment and Decision-Making Research in Accounting. *Accounting Horizons*, 1999.

[13] Janet Morrill. Professional Judgment and Departures from GAAP "Judgment in Jeopardy" Revisited, http://www.caaa.ca/AccountingperspectivesCAP/BackIssues/vo4num2/exeartxaXoZIcYIl_ fr. html.

[14] IFAC. 1996. IEG9: Pre-qualification Education, Assessment of Professional Competence and Experience Requirements of Professional Accountants. New York.

[15] AICPA. 1999. Core Competence Framework for Entry into Accounting Profession. New York. www. Aicpa. org.

[16] Jacobs, Jay J., Materiality: It's not the same old concept anymore. Philadelphia: Pennsylvania CPA Journal Vol. 72, 2001: 36 – 40.

[17] Andrew D. Cuccia and Gary A. Mc Gill. The Role of Decision Strategies in Understanding Professionals' Susceptibility to Judgment Biases. *Journal of Accounting Research*, 2000.

[18] ASB. ED. Statement of Principles. The Objective of Financial Statement & the Qualitative Characteristics of Financial Information, 1999.

[19] Brown, Cx. A, R. Collins, D. B. Thornton. The Effect of Bonus Schemes on Accounting Decision. *Journal of Accounting and Economics*, April, 2002: 85 – 107.

[20] Bruce Bennett, Michael Brandbury and Hellen Prangnell. Rules, Principles and Judgments in Accounting Standards ABACUS, Vol. 42, No. 2, 2006: 189.

[21] Chen S. M., Z. Sun and Y. T. Wang. Evidence from China on whether harmonized accounting standards harmonize accounting practices. *Accounting Horizons*, 2002, (3): 183 – 198.

[22] Steven A. Fisher. Self-Insight and Agreement in the Formulation of Accounting Judgment. *American Business Review*, 1989.

[23] Robert Libby, Marlys Gascho Lipe. Incentive, Effect, and the Cognitive Processes Involved in Accounting-related Judgments. *Journal of Accounting Research*, 1992.

[24] Robin M. Hogarth. Accounting for Decisions and Decisions for Accounting. Accounting, *Organizations and Society*, 1993.

[25] T Kida, J. F. Smith and M. Maletta. The Effects of Encoded Memory Traces for Numerical Data on Accounting Decision Making. *Accounting, Organizations and Society*, 1998.

[26] Forristal, T. the CAP Forum: future of accounting education: the response of charted accountants, *Canadian Accounting Perspectives*, 2002, 1 (1): 80 – 88.

[27] Paul J. Herz, Joseph J. Schultz, Jr. The Role of Procedural and Declarative Knowledge in Performing Accounting Task. *Behavioral Research in Accounting*, 1999, 11.

[28] Tanya L. Benford and James E. Hunton. Incorporating Information Technology Considerations into an Expanded Model of Judgment and Decision Making in Accounting. *International Journal of Accounting Information Systems*, 2000.

[29] Ross. Skinner. Knowledge Content and Judgment Performance: A Cognitive Script Approach, Accounting, *Organization and Society*, Col21. 2003: 339 – 359.

后　记

本书是在我博士论文的基础上修订完成的。2005年9月,我幸运地考入财政部科研所,成为恩师王军教授的博士研究生,获得了弥足珍贵的继续深造的机会。

王老师身为财政部的主要领导之一,日理万机,工作非常繁忙,但仍抽出大量的时间、精力给我指导。在学习过程中,王老师言传身教,使我受益匪浅。王老师宽广的胸襟、严谨的学风、渊博的学识、辩证的思维、超前的意识、创新的精神、执著的追求是我永远学习的榜样和追求的境界。如果没有王老师的谆谆教诲和精心指导,就不可能有今天的论文,我也难以取得现在的成绩。师母陈老师也给予我很多的关照,我不胜感激。我深知,自己取得的成绩离王老师的要求和期望还有很大的距离。今后唯有认真做人、做事、做好自己的学问,才能报答恩师的教诲和关爱。

在此,我还要特别感谢北京大学政府管理学院的高鹏程老师的指导与帮助。高老师学识渊博、待人诚恳,在论文的选题、论证、构思与写作过程中,给予了我很多的指导性意见与建议,使我获益良多。没有高老师,我的论文可能不会如期顺利地完成了。

感谢财政部科研所的王世定教授在学业上给我的指导和帮助,王教授开阔的视野与睿智的话语,使我茅塞顿开。感谢南开大学商学院的周晓苏教授、张继勋教授给予我论文的指导与帮助。周教授作为我的硕士生导师,带领我步入会计学研究的殿堂,在此次论文的写作与调查问卷的搜集过程中给予了无私的帮助,在此,表示深深的谢意。张教授在论文的选题、构思中也给予了很多有价值的意见。

感谢财政部程俊锋秘书、国际司的张政伟师兄和科研所的赵大全师兄，与你们相识是我的缘分，谢谢你们给予我学业上和生活上的帮助和支持。

三年的学习中，许多同窗学友给予了我学习上的帮助和生活中的关照，和他们在学习上的交流和探讨给了我许多有益的启迪。他们包括齐飞博士、张继德博士、蔡秀云博士、刘欣华博士、王宇龙博士、朱浩云博士、方周文博士、刘亚干博士、韩莉博士、徐全红博士等。

感谢远在家乡的我的父母双亲大人，虽然二老年事已高，但对于我学业的支持和精神的鼓励是我永远前进的动力，在此也祝福二老身体健康长寿。感谢我的妻子王春杰女士，给予我生活上和精神上的鼓励与支持，感谢远在家乡的哥哥、姐姐给予我的关照与帮助。

对在本书出版过程中给予大力支持的知识产权出版社的范红延女士表示特别感谢。

博士学业的完成，只是我人生的又一个新的起点，"路漫漫其修远兮，吾将上下而求索"。今后我要用更大的努力，以更加优异的成绩来回报所有关心我、支持我的人们。

刘泉军
2009 年夏于北京万年花城